図解で学ぶ保育

社会的養護 I

原田旬哉・杉山宗尚 編著

萌文書林

はじめに

「保育者になるのに社会的養護の知識って必要?」
「施設保育士をめざす人だけが学ぶ科目では?」

　このような印象を持ち、「社会的養護は自分とは関係のないもの」と思っている人もいるかもしれません。しかし、近年は核家族という家族形態が定着し、養育を手伝ってくれる親族も近くにはいない状況で、親にとっては厳しい子育て環境になっています。また、情報化社会となり、膨大な情報があふれていることから、養育に関してさまざまな混乱が生じています。

　このようななかで、養育の責任のすべてを親が担うべきといった「自己責任」の考えは、親に対しての重圧になります。そこに、家族の病気やリストラ、会社の倒産、離婚、貧困などさまざまな問題が生じると、家族の力では到底解決できない状況に陥ってしまう可能性が高まります。これらは親の心の健康や余裕を奪うことになり、精神的な不安定さや苛立ちなどから子どもへの不適切な養育(マルトリートメント)・虐待につながるリスクが高くなります。そして、最悪の場合には子どもの命にかかわる事態を招くこともあります。

　児童虐待においては、深刻な状況になる以前に虐待の兆候を発見できることが多く、乳幼児の被害の割合が高いことから、課題を抱えた親や虐げられた子どもたちに対して、保育者がかかわる場面は意外にも多いのです。

　したがって、保育者が社会的養護に関する知識を備えておくことは、専門職として必要不可欠です。そのため、保育者をめざす人たちにしっかりと社会的養護を理解してもらいたいという思いから、可能なかぎり「わかりやすく」を意識して作りました。

　本書のポイントは次の4点です。

① 「図解で学ぶ保育」シリーズ『社会福祉』の続編として、前書の主人公・林もえが児童養護施設に入所していたときの友人である「田之山ふみ」を主人公に、その人生(ライフストーリー)に関連させて社会的養護を学ぶ形になっています。

②本シリーズの特徴として、右ページにはイラストや図表を用いて左ページの内容を具体的にイメージできるように工夫しています。

③各章のはじめには「学びのポイント」を掲げ、終わりには「オススメ！」の文献などを紹介。また、必要に応じて「Step Up」や「はてなから考える」など、さらに学びを深めるための内容を随所に掲載しています。

④章末に「私と社会的養護」というエッセイを掲載。担当執筆者が社会的養護の現場での勤務経験を踏まえて、社会的養護に対する思いなどを綴っています。

　なお、2017（平成29）年8月に新たな社会的養育の在り方に関する検討会より発表された「新しい社会的養育ビジョン」ですが、今回の改訂で本書にも盛り込んでいます。

　最後になりましたが、本書の改訂にあたり、執筆者の皆様にはご多忙中にもかかわらずご協力いただき、深く感謝申し上げます。また、萌文書林の福西志保さんには前回と同様に鋭い指摘やご助言をいただき、ご尽力を賜りました。そのおかげで「日本一わかりやすい社会福祉関連の保育者養成テキスト」シリーズとして、さらなる進展を遂げられたのではないかと感じております。この場をお借りして心より深く感謝申し上げます。

2023年11月

編者

Contents

- ✳

3章 利用・契約を基本とする施設 大学入学と施設実習

4章 社会的養護の歴史 資格を取得し、大学卒業

本書における「障害」などの表記について

　現在、「障害」「障害児・者」などの表記には、さまざまな考え方と多くの議論の余地が残されています。本書では以下のような状況を鑑みると同時に、社会全体における障害などへのより適切な理解を深めることが重要との考えから、「障害」と表記しています。

① 「害」という字を「がい」とひらがなで表記したほうがマイナスイメージを軽減できるという考え方があります。一方で、「その考え方自体が差別ではないか」「安易な表記の変更・見直しは、障害児や家族が抱える問題を逆に見えにくくするのでは」などの意見も聞かれます。

② 法律・制度上では現在も「身体障害」「知的障害」「障害児入所施設」などと表記されています。

③ 今後、「障害児・者」なども含め、「障害」という言葉の代替表現について、共生社会構築をめざす観点から、表記だけに限らない本質的な継続議論を求める声もあがっています。

序

現代社会と
社会的養護

1 社会的養護って何？

　皆さんは社会的養護という言葉を聞き慣れていないですよね。何のこと？と思われる方が多いと思います。こども家庭庁によると、「社会的養護とは、保護者のない児童や、保護者に監護（監督し保護すること）させることが適当でない児童を、公的責任で社会的に養育し、保護するとともに、養育に大きな困難を抱える家庭への支援を行うこと」（こども家庭庁 HP。カッコ内筆者）となっています。

　つまり、さまざまな事情があって家庭で生活することが難しい子どもを、保護者に代わり社会全体で責任をもって育てることです。加えて、子どもを育てることが難しいなどの事情がある家庭に対しても社会全体で支えていくことをいいます。

　家庭で生活することが難しいさまざまな事情とは、①保護者が亡くなった、②保護者が行方不明になった、③保護者が病気によって入院している、④保護者が仕事によって家を空けることが多い、⑤保護者が離婚した、⑥保護者が犯罪によって捕まった、⑦経済的に苦しい状況である、⑧保護者が入院までいかなくても子育てができない病状である、⑨子どもが虐待を受けている、⑩子どもが不良行為を行う、⑪子どもに障害がある、などがあげられます。

　このような事情によって家庭で生活できない子どもを里親や施設で保護し、育てていくのです。里親や施設は基本的に民間の人であり、民間の団体（社会福祉法人）によって運営されているので、行政機関（国や都道府県、市町村など法律に従って政治を行う行政を担う組織）である児童相談所や福祉事務所（詳細は第１章）などがかかわり、責任をもって対応しています。家庭の問題は「家族で何とかしなさい」というものではないということです。

　また、たとえば虐待を受けた子どもがいたとします。その子どもを施設で保護するだけでなく、場合によっては、虐待に至らざるを得なかった保護者の課題を整理・解決して、再び子どもと一緒に生活ができるようにする家庭支援も欠かすことができません。

　以上のようなことを社会的養護といいます。

図序-1　社会的養護とは

2 改正児童福祉法(2016年)と社会的養育ビジョン

　社会的養護に関連することは、基本的に児童福祉法にもとづいて行われます。2016(平成28)年の改正児童福祉法では、1947(昭和22)年の制定以降、初めて理念の部分が見直され、さまざまな子どもの権利を保障することが明確にされました。また、国や地方公共団体は子どもが家庭で心身ともに健やかに生活できるように保護者を支援することが定められました。

　さらに、保護者による家庭での養育が難しい場合には、養子縁組や里親、ファミリーホームといった家庭に近い養育環境で養育されることが原則となりました。しかし、養子縁組や里親委託などが適当でない場合には、施設において養育することになりますが、そのなかでも小規模グループケアや地域小規模児童養護施設(グループホーム)といった小規模の家庭的な環境で養育されることが定められました。

　そして、この改正児童福祉法の理念を実現するために、厚生労働大臣が招集して開催された検討会によって、2017(平成29)年8月に新しい社会的養育ビジョンが発表されました。このビジョンには5つの骨格(改革内容)があり、それらを9つの工程(具体的な改革計画)にもとづいて進めていくことになっています。

　工程については、2016年改正児童福祉法の施行後(成立した法律の効力を発生させたあと)5年をめどに中核市や特別区に児童相談所を設置できるような計画的支援を行うことや、一時保護所の見直しなど一時保護に関する改革などがあります。

　また、里親とチームになって里親のなり手を増やすリクルートや、子どもを委託することにかかわる研修、委託中の里親への支援などを一貫して担うフォスタリング機関によって、里親を増やし、質を高めていくことがすべての都道府県で実施されるように求められています。

　さらに、特別養子縁組を増やしていくための取り組みを進めていくことや、里親やファミリーホームへの委託率の数値目標とそれを達成するための期限など、さまざまなことが定められています。

　これをふまえ各都道府県で地域の実情に応じた形で、具体的な数値目標や達成期限を設定した都道府県社会的養育推進計画が策定されています。

2016年改正児童福祉法

- ●子どもの権利保障を明確化
- ●国などによる保護者支援
- ●家庭養育優先の原則　　　　　　etc…

理念実現
のために

新しい社会的養育ビジョン

5つの骨格
- ●児童相談所の機能強化と一時保護改革
- ●永続的解決（パーマネンシー保障）の徹底　　　.etc…

9つの工程
- ●中核市・特別区への児童相談所設置を支援
- ●特別養子縁組増加への取り組み　　　.etc…

地域の実情に
応じて定める

都道府県社会的養育推進計画

図序-2　改正児童福祉法（2016年）と新しい社会的養育ビジョン

3 私たちが生きる社会

① 少子高齢社会①──これからの状況

　日本が少子高齢社会になっていると聞いたことがある人は多いと思います。総務省の統計では、2023（令和5）年2月1日現在の総人口は確定値1億2,463万1千人となっています（総務省統計局、2023）。このままでは、人口は減少していくことが予想されています。

　国立社会保障・人口問題研究所の試算では、出生数は2057年には年間55万人程度になるとの予想もあり（出生中位推計）、人口が減少していきます（国立社会保障・人口問題研究所、2023）。これは単に「人口が減少する」だけではなく、産業構造全体にも大きな影響が出てくる可能性があります。たとえば、人手不足や生産性の低下、消費の減少など、経済を維持することも難しくなると考えられます。

② 少子高齢社会②──「少子」問題について

　かつて日本には二度のベビーブームがありました。最初は戦後に子どもをもうける家庭が増え、1947（昭和22）年から1949（昭和24）年の間に毎年約270万人が誕生しました。これを第一次ベビーブームといいます。このときの子どもが20歳代となり、結婚・出産期を迎えた1971（昭和46）年から1974（昭和49）年に第二次ベビーブームが起こり、毎年約200万人の子どもが誕生しました。

　この流れに乗れば、1996（平成8）年から2006（平成18）年ごろに第三次ベビーブームの到来が予想されましたが、実際には起こりませんでした。1989（平成元）年の出生数は約125万人で、合計特殊出生率は丙午の1966（昭和41）年を下回り「1.57ショック」といわれました。

　その後、2005（平成17）年の出生数は約106万人となり、合計特殊出生率は過去最低の1.26まで落ち込みました。2016（平成28）年には出生数が97万7千人と100万人を下回り、2022（令和4）年の出生数は77万759人で過去最少となりました（厚生労働省、2023a）。

合計特殊出生率

女性が一生の間に何人の子どもを産むかを示すもので、15 歳から 49 歳までの年齢別の出生率を合計した指標です。

第一次ベビーブーム		第二次ベビーブーム	
年	合計特殊出生率	年	合計特殊出生率
1947（昭和 22）	4.54	1971（昭和 46）	2.16
1948（昭和 23）	4.4	1972（昭和 47）	2.14
1949（昭和 24）	4.32	1973（昭和 48）	2.14

丙午（ひのえうま）

丙午の年に生まれた女性は「気性が荒くて夫が早死にする」とされる江戸時代からの迷信で、1966 年がその丙午にあたりました。次の丙午は 2026 年となっています。

図序-3　少子高齢化の日本

③ 子どもの貧困

　「貧困」と聞くと、ホームレスのような状態、服はボロボロ、食べることもままならないといったイメージを思い浮かべる人も多いのではないでしょうか。そして、「この豊かな日本で貧困は自分とは無関係」と思っている人もいるでしょう。これらの貧困は絶対的貧困（Absolute Poverty）といわれ、生きていくための必要最低限度の生活水準が満たせていない状態を指します。一般的に私たちが思い描く貧困は絶対的貧困がイメージされることが多いです。

　現在、日本で問題となっている貧困は、相対的貧困（Relative Poverty）です。これは、等価可処分所得（税金や社会保険料などを引いた手取り収入を世帯人員の平方根で割って調整した所得）を基準にその中央値の半分を貧困線として、貧困線以下の収入で暮らしている人が貧困状態にあるとされています。

　国民生活基礎調査（厚生労働省、2023b）によると、2021（令和3）年の等価可処分所得の中央値は254万円、その半分は127万円なので、これが貧困線となり、127万円以下で暮らしている人が貧困状態ということになります。日本の相対的貧困率は、上記の国民生活基礎調査では15.4％で、子どもの貧困率（17歳以下の子ども）に限ると11.5％で、子ども8人に1人が貧困状態になっています。日本の子どもたちの未来にも影響する深刻な状況になってきているのです。

　そして、ひとり親家庭を含む、子どもがいる現役世帯（世帯主が18歳以上65歳未満で、子どもがいる世帯）のうち大人が一人の世帯の相対的貧困率は、2021（令和3）年では44.5％です（厚生労働省、2023b）。

　また、学校教育法第19条を根拠に、市町村が必要な支援を行う就学援助（被災児童生徒就学援助事業対象児童生徒を含む）の制度を利用している人は、2021（令和3）年度では約130万人、公立学校児童生徒数に占める割合は14.28％となっています。就学援助では、学用品や給食費、修学旅行費などが支給されます（文部科学省、2022）。

　これら貧困の背景には、所得の減少や非正規雇用による低収入、物価の上昇などがあると考えられます。

絶対的貧困

相対的貧困

図序-4　絶対的貧困と相対的貧困

④ 子どもへの虐待

　子どもの虐待は深刻化の一途をたどり、解決すべき社会問題の一つになっています。2015（平成27）年度には、児童相談所が受け付けた虐待相談の対応件数が初めて10万件を突破（103,260件）し、2022（令和4）年度は219,170件（速報値）と増加が続いています（こども家庭庁、2023）。

　保育者は、この数値をどのような視点で見ればいいのでしょうか。①児童虐待そのものが増加した、②社会の児童虐待に対する関心の高まりにより通告や相談をする人が増えた、ということが考えられます。実際にどちらなのかを検証することは困難ですが、不適切な養育環境のもとで虐待を受けている子どもたちがいるという事実を認識しておくことは重要です。

　児童虐待には次の4つの種類があります。①身体的虐待、②心理的虐待、③性的虐待、④ネグレクト（育児放棄、怠慢・無関心、遺棄、医療を受けさせないなど）です。①から③は子どもに対して大人が暴力的なかかわりをするというもので、④は子どもに必要な養育やケアをしないというものです。

　また、子どもを伴った無理心中、周囲からの関心を引きたいという理由で親が子どもを病気やけがに仕立て上げ、故意に重症化させたりする代理によるミュンヒハウゼン症候群などもあります。さらに、親が信仰する宗教活動へ強制的に参加させるなどの宗教虐待が近年注目されています。これらを含む子どもへの「不適切な養育」をマルトリートメント（maltreatment）ともいいます。

　虐待を発見しやすい立場にある専門職には、児童虐待の防止等に関する法律により児童虐待の早期発見等の努力義務が課せられています。この法律の第5条には、学校の教職員、児童福祉施設の職員、医師、保健師、弁護士などが明記されています。

　また、国や地方公共団体には児童虐待の防止や被虐待児の保護、自立支援に関して協力するよう努めることや、学校や児童福祉施設は子どもや保護者に対して児童虐待の防止の教育と啓発に努めることが求められています。そして、第6条には虐待に関する通告義務も示され、通告は守秘義務よりも優先されることが明記されています。通告の電話番号は全国共通ダイヤル「189」となっています。

Step Up

さらに学びを深めよう

「虐待は結果である」ということを忘れてはいけない

　家庭にはさまざまな問題が襲いかかります。病気やけが、リストラや倒産、家族の死などがあります。その多くは家族の努力により乗り越えていくのですが、しばしば自助努力で解決できない場合もあり、これらを要因に家族関係のバランスが大きく崩れると、貧困や精神疾患といった二次的な問題が発生することもあります。問題が長期化すると、強いストレスを受け、余裕がなくなっていきます。そのストレスを子どもにぶつけてしまうこともあり、エスカレートすると、虐待へと深刻化してしまいます。

　これらの兆候は、子どもを介して保育者が発見できる機会が多々あります。つまり、「昨日は幸せだった家庭が、今日には虐待問題を抱えた家庭になる」ことなど、ほとんど考えられないのです。

　虐待が発覚してから支援を開始すると、親子分離をしなければならない状況に陥ることもあります。保育者として日々、子どもの様子をよく観察するとともに、保護者の様子にも注意を払って言葉がけをし、関係づくりを心がけることが、問題を深刻化させずに早期に解決できる糸口になるということを忘れてはいけません。

！ 児童相談所など行政機関の対応

　通告を受けた児童相談所などは速やかに子どもの安全確認や一時保護など必要な措置をし、立ち入り調査や保護者の出頭要請なども実施できることになっています（児童虐待防止法　第8条から第9条の9）。立ち入り調査や臨検には、児童相談所長は迅速かつ適切に警察署長に援助を求めることができます（児童虐待防止法　第10条）。

⑥ ひとり親家庭

　ひとり親家庭（ひとり親と未婚の子のみの世帯）の状況は、2021（令和3）年は約134.4万世帯（母子世帯は119.5万世帯、父子世帯数は14.9万世帯）となっています（厚生労働省、2022）。

　就業状況については、母子世帯の就業率は86.3％ですが、うち38.8％がパート・アルバイトなどの非正規雇用で、平均年間収入（母自身の収入）は272万円です。一方、父子世帯の就業率88.1％のうち非正規雇用は4.9％であり、平均年間収入（父自身の収入）は518万円です。母子世帯と父子世帯との差が246万円あります。

　児童のいる世帯の平均年間所得と比べると、父子世帯の経済状況も厳しいのですが、母子世帯はさらに厳しいことがわかります。国も「ひとり親家庭支援施策の体系」を発表し、就業による自立をめざすことを柱として、①子育て・生活支援、②就業支援、③養育費の確保支援、④経済的支援の4本の柱で推進することとしています。

⑦ ヤングケアラー

　近年注目されている問題に**ヤングケアラー**があります。こども家庭庁は、ヤングケアラーとは「本来大人が担うと想定されている家事や家族の世話などを日常的に行っているこどものこと」としています（こども家庭庁HP）。ここで注意すべきは、これらの状況にある子どもや親（養育者）が問題なのではなく、この状況を放置している「社会の問題」として認識する必要があることです。

　厚生労働省は、ヤングケアラーの調査を2021（令和3）年度に中学2年生・高校2年生、2022（令和4）年度には小学6年生・大学3年生を対象に実施しました。その結果、小学6年生6.5％、中学2年生5.7％、高校2年生4.1％、大学3年6.2％が「世話をしている家族がいる」と回答しています。

　また、半数近くが「ほぼ毎日世話をしている」という結果でした。平日1日あたりの世話に費やす時間は、中学2年生では平均4時間、高校2年生では平均3.8時間となっています（こども家庭庁 ヤングケアラー特設サイト）。

子どもを抱えての新たな就職は難しい。
非正規雇用が多く、平均年収も低い

⚠ 平均年間収入は、母子世帯が 272万円、
　　父子世帯が 518万円

子どもが体調不良になると、
保育所などを早退や欠席しなければならず、
仕事との両立が難しい

図序－5　ひとり親家庭の状況

4 子どもの権利

　大人から不当な扱いを受けている子どもは、昔も今も存在しています。歴史的に見れば、人身売買や虐待、過酷な労働、搾取、教育を受けられないことなど、子どもの権利は軽視されてきました。このような子どもたちの人権を守るために、1989 年に国際連合（国連）の総会において児童の権利に関する条約（子どもの権利条約）が採択されました。これは前文と 54 条の条文で構成されており、条約として国際社会で子どもの人権を擁護するというものです。

　条約は国際的なルールですが、同意するか否かは各国で決めることになっています。同意することを「批准」（日本では国会で承認することになっている）といい、日本は 1994 年に世界で 158 番目に批准しました。

　この条約は世界のすべての子どもたちの権利保障として、「子どもの最善の利益の尊重」や「子どもが意見を表明する権利」などが定められています。そのなかでも、生きる権利、守られる権利、育つ権利、参加する権利は、この条約の 4 つの柱とされています（図序-6）。

　また、特徴的なのは、子どもたちが「守られる」「～してもらう」といった受動的なものだけではなく、子どもたちが自由に意見を表明することができるなど、主体的かつ能動的な権利を定めている点です。

　補足として、一般的に「権利」は公共（みんなのため）のためには制限されることがあります。たとえば、高速道路を作るために住んでいる家を立ち退くように求められることがあります。これは「住む権利」を制限されることになりますが、公共のため（みんなのため）に受け入れなければならないということをイメージするとわかりやすいでしょう。

　一方で、人権は絶対に侵すことのできないもの（不可侵）です。子どもの権利が「権利」となっているので、制限されることがあると思う人もいるかもしれませんが、ここでの権利は「人権」と同じと考えてください。

子どもの権利を守る"四天王"

● 防げる病気など
で命を奪われな
いこと

● 病気やけがをし
たら治療を受け
られること など

生きる権利

● 教育を受け、休
んだり遊んだり
できること

● 考えや信じるこ
との自由が守ら
れ、自分らしく
育つことができ
ること　　など

守られる権利

子どもの
権利を守る！

育つ権利

● あらゆる種類の
虐待や搾取など
から守られるこ
と

● 障害のある子ど
もや少数民族の
子どもなどはと
くに守られるこ
と　　　　など

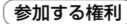
参加する権利

● 自由に意見を表し
たり、集まってグ
ループを作ったり
できること

● 自由な活動を行え
ること　　　など

図序-6　子どもの権利条約の4つの柱

出典：日本ユニセフ協会 HP を参考に筆者作成

5 人の一生で見る社会的養護

本書の主な登場人物

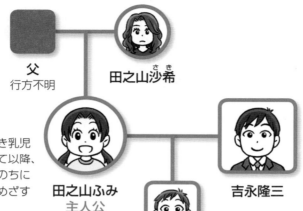

父
行方不明

田之山沙希(さき)

赤ちゃんのとき乳児院に預けられて以降、施設で育つ。のちに施設保育士をめざすこととなる

田之山ふみ
主人公

吉永望

吉永隆三

ふみの大学時代の先輩で、よき理解者

林もえ

児童養護施設「杉原学園」で出会った友人。『図解で学ぶ保育 社会福祉』の主人公！

福田俊平

ふみの就職先である児童養護施設「未来の家」の先輩職員。児童指導員

河原直宗

大学時代の同級生。のちに児童福祉司となる

里谷幸太郎

「未来の家」でのふみの同僚。のちに里親支援専門相談員となる

原山宗哉

2歳から「未来の家」で暮らしていた男の子。4歳で里親へ委託されることになる

石岡幸次

橋本学院大学こども学部の教員。社会的養護が専門

志水学
児童養護施設「杉原学園」「天の川杉原ホーム」で一緒だった年上の子ども。のちに児童心理治療施設へ移る

● 田之山ふみのライフストーリー（人生）

ふみの年齢	出来事	関連する制度・機関・職種・事柄など
胎児期（8か月）	妊娠中の母・沙希が倒れて救急搬送	未受診妊婦 MSW（メディカルソーシャルワーカー） 福祉事務所（家庭児童相談室） 児童相談所
誕生	ふみが生まれる	助産制度
乳児期	沙希がふみの養育を拒否し、乳児院に預けられる	家庭相談員 児童相談所 一時保護 児童福祉司 措置制度
2歳	児童養護施設「杉原学園」に移る。のちに林もえと出会う	措置変更 保育士 児童指導員
10歳	杉原学園が分割されてできた「天の川杉原ホーム」に移る	措置変更 小規模化 小規模グループケア
13歳（中1）	出自の整理、真実告知	ライフストーリーワーク
14歳（中2）	児童自立支援施設へ移る	措置変更 児童自立支援員 児童生活支援員
15歳（高1）	高校入学 「天の川杉原ホーム」に戻る	進路支援 措置変更
18歳	大学入学	措置延長

ふみの年齢	出来事	関連する制度・機関・職種・事柄など
22 歳	保育士資格を取得 「未来の家」に就職 大学卒業と同時に施設を退所 	施設保育士 措置解除・自立支援
29 歳	吉永隆三と結婚	婚姻制度
31 歳	望を出産 	産休・育休 出生届
32 歳	職場復帰 家庭支援専門相談員になる	児童福祉施設の設備及び運営に関する基準 ファミリーソーシャルワーク
34 歳	同僚から里親委託について学ぶ	里親支援専門相談員 里親支援事業・里親制度
37 歳	主任保育士兼基幹的職員になる	基幹的職員研修事業実施要綱
47 歳	施設長となる	児童福祉施設の設備及び運営に関する基準 苦情解決・措置費
60 歳	定年退職 里親となる	養育里親

ふみの年齢	出来事	関連する制度・機関・職種・事柄など
80歳	亡くなる	

◆ 引用文献

こども家庭庁 HP「ヤングケアラーについて」2023年9月30日閲覧
こども家庭庁「令和4年度 児童相談所での児童虐待相談対応件数（速報値）」2023年
こども家庭庁 ヤングケアラー特設サイト「こどもがこどもでいられる街に。」2023年8月16日閲覧
国立社会保障・人口問題研究所「日本の将来推計人口（令和5年推計）結果の概要」2023年
厚生労働省「2022（令和4）年 国民生活基礎調査の概況」2023年b
厚生労働省「令和4年（2023）人口動態統計（確定数）の概況」2023年a
厚生労働省「令和3年度 全国ひとり親世帯等調査結果の概要」2022年
文部科学省初等中等教育局修学支援・教材課「就学援助実施状況等調査結果」2022年
日本ユニセフ協会 HP「子どもの権利条約」2023年7月24日閲覧
総務省統計局「人口推計（令和5年（2023年）2月確定値、令和5年（2023年）7月概算値）（2023年7月20日公表）」2023年

◆ 参考文献

こども家庭庁「社会的養育の推進に向けて（令和5年4月5日）」2023年
厚生労働省「新しい社会的養育ビジョン」（平成29年8月2日）」2017年

Column

ストレングス視点からの支援

狭間香代子
関西大学名誉教授

　児童養護施設などの社会的養護を担う場で働く保育士や児童指導員などのスタッフは、子どもたちの生活と発達を支援しています。これらの支援とは、日々の暮らしのなかで子どもたちの健やかな発達や育ちを支えることです。このように子どもの健全な育成を支援していくためには、スタッフはどのような姿勢で子どもたちにかかわればいいでしょうか。社会的養護を必要とする子どもたちのなかには、十分な自己肯定感を形成できない子どももいます。自分自身を否定的にしかとらえられない、何をするにも自信がない、劣等感に支配されているといった心の状態にあるといえます。

　対人援助の一つであるソーシャルワークでは、ストレングス視点が重要視されています。ストレングスは日本語では「強み」と訳されますが、ソーシャルワークでは、能力・可能性・才能・技能・人間関係・社会資源など、さまざまな意味を含んで用いられます。

　この考え方は、それまでのソーシャルワークの中心であった欠点や問題だけを捉える病理的視点を批判して登場しました。病理的視点は、多くはその人の側に何か原因があり、その人自身に責任があるという見方を導き出すので、自己肯定感の形成を妨げます。

　ストレングス視点は、その人のもつよいところ、強さ、できること、得意なことなどの潜在能力に着目します。その人のもつ強みを引き出して、自らが問題に立ち向かえるように支援していきます。それは自信を回復させ、自己肯定感を高めます。子どもたちの支援に携わるスタッフには、一人一人の子どものストレングスを見出す支援が求められます。

社会的養護の仕組み
田之山ふみの誕生

田之山ふみ物語　第1話

　田之山ふみが生まれた家は恵まれているとはいえないものでした。母親の沙希（さき）は富山県で生まれ育ちましたが、両親と関係が悪く、17歳のときに高校を中退して家出同然で大阪に出て来ました。年齢をごまかしてスナックで働いていたところ、店に客として来ていた男性と恋に落ち、同棲をすることになります。

　沙希は人生で初めて幸せを実感していましたが、18歳のとき妊娠が発覚し、それを男性に告げたとたんに態度が急変し、男性は家を出て行ってしまいました。

　沙希は一人ぼっちとなり、束の間の幸せを失ってしまいました。妊娠の不安も大きかったのですが、仕事を続けなければ生活ができないため、妊娠していることを秘密にして仕事を続けました。

　沙希は、妊娠や出産、中絶、育児に関する知識はまったくないうえに、両親にも頼れません。未成年であることを隠して働いていることや、妊娠が親に知れるのではないかとの不安から母子健康手帳の交付も受けず、妊婦健診も受診していませんでした。

　そのようなさなか、妊娠32週ごろに体調を崩して救急搬送されてしまいます。それをきっかけに病院のMSW（医療ソーシャルワーカー）へつながり、支援を受けることになりました。市の福祉課や家庭児童相談室、児童相談所など、さまざまな機関から支援を受けることができるようになったのです。

　まず、この状況での就労は困難であることから生活保護を申請し、助産制度により助産施設で出産することになりました。そして、19歳で無事に女の子を出産し、「ふみ」と

名づけました。

　育児は沙希が想像していた以上に大変で、激しい夜泣きと授乳で睡眠不足になり、疲弊して心身ともに限界になってしまいました。次第にふみに対して拒否的な気持ちが大きくなり、この心情を家庭児童相談室の家庭相談員に相談したことから、児童相談所にも情報が共有され、ふみは一時保護されることになりました。

　その間に沙希への面談が数回実施されましたが、児童相談所が親子を離したほうがいいだろうと判断し、乳児院へ措置入所となりました。

 学びのポイント

　人が暮らしていくうえで、さまざまな困難や課題を生じることがあります。状況によっては、出生前の妊娠期から胎児や父母の支援を考えていく必要があります。本章では、社会的養護の仕組みについて理解しましょう。

1. 施設養護、家庭養護について学ぼう！
2. 社会的養護に関係する機関を理解しよう！
3. 関連する法律について知ろう！

1 施設養護

　児童福祉法第 7 条には 12 種類（2024（令和 6）年 4 月より 13 種類）の児童福祉施設が規定されています。そのなかでも、貧困や虐待などのさまざまな理由から家庭で暮らすことができない子どもが生活する場所として、社会的養護の施設があります。

　社会的養護の施設には、主に乳児院、児童養護施設、児童自立支援施設、児童心理治療施設（2016（平成 28）年の改正児童福祉法で「情緒障害児短期治療施設」より名称変更）、母子生活支援施設、自立援助ホーム（児童福祉施設ではない）があります。

　日本の社会的養護の歴史は、主に施設が中心となって担ってきましたが、近年、児童養護施設と乳児院は小規模化が進められ、可能なかぎり家庭に近い形での生活を保障するために家庭的養護が推進されてきました。また、「施設機能の多機能化」と「施設機能の高度化」を併せて実現することで、地域支援が打ち出されています。

① 施設運営指針

　社会的養護の基本的な使命は、子どもの最善の利益の保障と「すべての子どもを社会全体で育てる」というものです。これを具体化するため厚生労働省は、2012（平成 24）年の施設運営指針により社会的養護の方向性を示しました。

　その内容は、①従来の大規模な施設を小規模化（ユニット化）し、居室は個室にするといった「家庭的養護と個別化」、②施設で暮らす子どもが健やかに成長し、社会で生きる力を育むための「発達の保障と自立支援」、③虐待などの過酷な環境を経験した子どもの「回復を目指した支援」、④子どもの発達と親の問題解決を包括的に支援する「家族との連携協働」、⑤可能なかぎり特定の人による養育が望まれることから「継続的支援と連携アプローチ」、⑥子どもたちが成長して家庭を持った際に虐待や貧困の連鎖を断ち切る支援として「ライフサイクルを見通した支援」などをあげています（厚生労働省、2012）。

はてなから考える

❖ 施設運営指針って？

　施設運営指針は、2012（平成24）年に厚生労働省雇用均等・児童家庭局長通知として6つの施設等種別ごとに示されました。この指針は、施設の運営に関する理念や養育、支援などを社会に対して発信することで質の担保と向上をめざしています。説明責任（accountability）を果たすことや、施設における暮らしの保障と、施設から社会へと自立していく子どもたちが幸せに生きること（well-being）を保障することを目的としています。

　これを実現するには、社会や国民の理解、支援が必要不可欠であり、施設は社会に開かれた機関として機能し、地域と連携していくことも、この指針の重要な点となっています。

乳児院

児童養護施設

児童自立支援施設

主な社会的養護の施設だよ

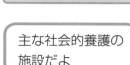
母子生活支援施設

自立援助ホーム

児童心理治療施設

図1-1　施設養護

② 小規模化された施設

　従来の施設養護は大規模な施設が多く、一部屋に複数の子どもたちが共同生活のような形で生活していました。整備が進んでいる家庭的養護は施設養護でありつつも、施設を小規模化して、入所している子どもを少人数のグループに分けた形態です。家庭的な雰囲気のなかで生活する小規模グループケア（ユニット）、地域に戸建てを確保し、施設を地域に分散させた地域小規模児童養護施設などの形態があります。

●小規模グループケア

　施設養護の中心となっており、今までの大規模な施設を小規模化し、定員45人以下として1つのユニットに6人で生活するというものです。また、本体施設の敷地外にあるものを分園型小規模グループケア（定員4〜6人）といいます。

　小規模グループケアのイメージとしては、マンションをイメージするとわかりやすいでしょう。エントランスに事務所を置き、各戸（4LDKや5LDK）になっていて、そこに子どもが暮らすというイメージです（図1-2）。

　これにより、食堂で一斉にとる食事や大浴場での入浴などの集団行動ではなく、できるだけ個別にすることで、集団であるがゆえのルールを廃することができ、子ども一人一人に細かな配慮や対応ができるようになるというメリットがあります。

●地域小規模児童養護施設

　地域に戸建てを建てたり、既存の家屋を確保したりして、子ども4〜6人が生活する施設です。施設養護の主流が集団生活であった2000（平成12）年に制度化されたもので、家庭的養護をめざした施設形態の一つです。

　地域のなかで暮らすことによって、近隣住民とのかかわりなどを通して社会性や協調性などを養い、自立に向けた力を身につけることも目的とされています。また、小規模グループケアと同様のメリットがあり、分園型小規模グループケアと同じようなものですが、措置費上の仕組みの違いで名称が異なります。（図1-3）。

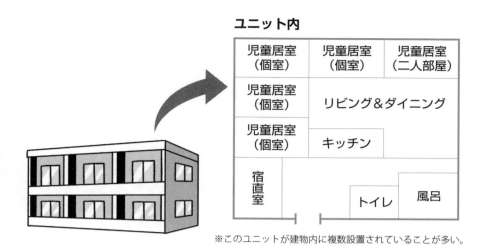

ユニット内

児童居室 （個室）	児童居室 （個室）	児童居室 （二人部屋）
児童居室 （個室）	リビング＆ダイニング	
児童居室 （個室）	キッチン	
宿直室	トイレ	風呂

※このユニットが建物内に複数設置されていることが多い。

図1-2　小規模グループケアのイメージ

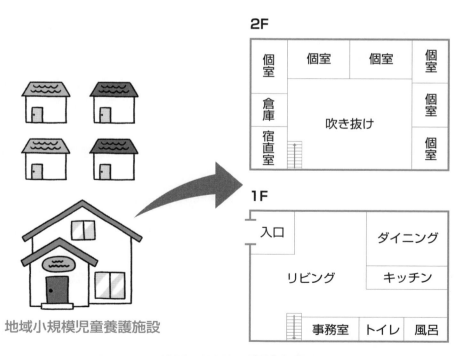

2F

個室	個室	個室	個室
倉庫	吹き抜け		個室
宿直室			個室

1F

入口		ダイニング
	リビング	キッチン
	事務室	トイレ　風呂

地域小規模児童養護施設

図1-3　地域小規模児童養護施設のイメージ

2 家庭養護

　現在、社会的養護は「社会的養育」として家庭での養護を中心とした形へと移行しています。この背景には2009年に採択された国連総会決議の児童の代替的養護に関する指針があります。そこでは施設養護は、「児童にとって特に適切、必要かつ建設的で最善の利益に沿っている場合に限られるべき」とされました。また、3歳未満の子どもについては「家庭を基本とした環境で提供されるべき」と示されています（厚生労働省、2009）。これを受け、2016（平成28）年に児童福祉法が改正され、それを具体化するために2017（平成29）年に「新しい社会的養育ビジョン」が発表され、数値目標も示されました。

① 里親

　里親制度は虐待等の事情により、家庭養育が困難な子どもを里親が自宅で養育する制度です。

　里親の種類には養育里親、専門里親、親族里親、養子縁組里親があります。養子縁組里親は、2016（平成28）年の改正児童福祉法において法定化され、民法に規定されている養子縁組を前提としている里親です（養子縁組をすると法的な親子になる）。

② ファミリーホーム（小規模住居型児童養育事業）

　ファミリーホームは、2008（平成20）年の改正児童福祉法で規定されました。里親家庭を少し大きくしたイメージです。里親より多数の子ども（5～6人）を預かります。ファミリーホームを開設するには、①里親として2年以上の養育経験、②里親登録5年以上かつ通算して5人以上の養育経験、③児童養護施設等の職員を3年以上経験、のいずれかが必要です。

　スタッフは、「2人の養育者（夫婦）と補助者1人」または「養育者1人と補助者2人以上」であり、養育者はファミリーホームで暮らすことが条件となっています。

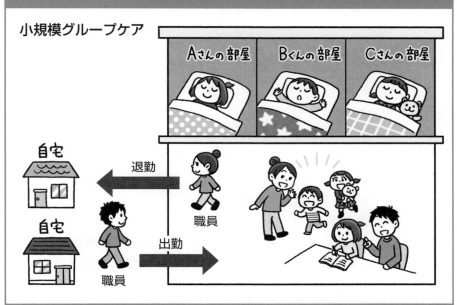

図1−4　家庭的養護と家庭養護

3 社会的養護にかかわる機関

① 児童相談所

　児童相談所は児童福祉法第 12 条に規定された子どもに関する相談などに応じる専門の行政機関です。対象の子どもは原則 18 歳未満とし、妊婦と出産後間もない女性も対象としています。また、市町村では難しい相談への対応や、子どもを施設や里親に預ける入所・委託措置などの業務も担っています。

　児童相談所は、都道府県と指定都市（人口 50 万人以上で、政令で指定されている市）に設置が義務づけられています。2006（平成 18）年 4 月から中核市（人口 20 万人以上で、都道府県の権限の一部を移譲された市）にも設置できるようになりました。そして、2017（平成 29）年 4 月より東京 23 区にも設置が認められました。

　対応する相談には虐待や養子縁組のほか、保護者の家出や死亡などに関する「養護相談」、出産時の発育が不十分な未熟児などに関する「保健相談」、障害や発達上の課題などに関する「障害相談」、家出や触法行為などを行う子どもに関する「非行相談」、子どもの性格や不登校、しつけなどに関する「育成相談」などがあります。

　職員は原則、公務員で常勤職と非常勤職（嘱託、臨時的任用）があります。主に総務部門、相談・判定・指導・措置部門、一時保護部門の 3 つの部門に分かれています。職種は、児童相談所長、児童福祉司（保護者や子どもからの相談を受けたり、必要に応じて一時保護や施設入所、里親委託といった対応をするケースワーカー）、児童心理司（心理診断やカウンセリング、プレイセラピーなどを行う）、医師（医学的診断を行う）、弁護士（法的な対応をする）などが配置されています。

　都道府県や指定都市によっては、児童相談所に「こども家庭センター」や「子ども相談センター」「児童・障害者相談センター」などといった呼称をつけているところもあります。住民に親しみを持ってもらいたいという意図があるようですが、かえって児童相談所ということがわかりにくくなってしまう恐れもあります。

はてなから考える

❖ 一時保護って何?

　一時保護とは、保護者と一緒に暮らすことが適当ではない子どもや、行動を観察する必要がある子どもを一時的に保護します。保護は、児童福祉法第33条を根拠に児童相談所長や都道府県知事などが必要と認めた場合に可能です。また、施設内の設備は、児童養護施設などの基準と同じにする必要があります。

　一時保護の目的は、子どもの安全を迅速に確保して適切な保護を行うことと状況把握です。子どもと保護者を一時的に行政の力で引き離すため、親権や保護者に養育される権利を制約することになることから、2016年(平成28)年の改正児童福祉法により目的が明確化されました。

　一時保護は、児童相談所に付設または児童相談所と密接な連携がとれる範囲で設置する「一時保護所」で実施されます。ただし、居住地と離れていたり、一時保護所が満員の場合は「委託一時保護」として、警察署、福祉事務所、児童福祉施設、里親、その他児童福祉に理解と経験がある人・法人などに委託することができます。

　また、一時保護は、外出や通学を制限するといったこともあることから最小限の期間に留める必要があります。そのため、原則2か月以内となっています(児童相談所長などが必要と認める場合は、家庭裁判所の承認を得て延長可能)。

　さらに、2022(令和4)年の改正児童福祉法で、司法審査を導入することになりました。これは一時保護の実施が正しいのかということなどについて、児童相談所が裁判所に「一時保護状」を請求し裁判所の判断を受けるものです。一時保護状の請求は、事前もしくは保護開始から7日以内に行い、却下の場合、子どもに重大な危害が生じる可能性があれば、児童相談所は3日以内に不服申し立てができます。

② 福祉事務所

福祉事務所は社会福祉法第14条に規定されている行政機関です。福祉事務所の対応する分野は広く、福祉六法（生活保護法、児童福祉法、母子及び父子並びに寡婦福祉法、老人福祉法、身体障害者福祉法、知的障害者福祉法）に定められている援護（助ける）、育成、更生（立ち直る）などの福祉的支援に対応します。都道府県と市と特別区（東京23区）に設置が義務づけられています（町村については任意で設置が可能）。

市と特別区の福祉事務所は福祉六法に対応し、都道府県の福祉事務所は三法（生活保護法、児童福祉法、母子及び父子並びに寡婦福祉法）を所管する（取り扱う）ことになっています。

福祉事務所内には家庭児童相談室も設置されているところがあります。家庭児童相談室は、子育てに関する悩みや子どもの発達、学校に関する問題に対して相談に応じ、時には関係機関との連携などにより支援を行います。また、社会的養護についても、親子関係再構築を支援するため、関係機関や施設と連携し、サポート体制を整えるといったことも行います。

家庭児童相談室の職員として家庭児童福祉主事、家庭相談員が配置されています。

③ 保健所・保健センター

保健所は、①都道府県型と②政令市型があります。①は市町村との協力のもと、医療関係機関とともに感染症対応や食品衛生など、都道府県全域に広域的な医療、保健サービスについて取り組みます。

②は広域的なサービスに加え、市区町村のサービスである母子保健事業「乳幼児検診等」や生活習慣病対策「特定健診・特定保健指導等」など、住民に直接的なサービスを提供しています。

市町村保健センターは市町村に設置が可能とされており、地域の母子保健（妊産婦や乳幼児の健康診査や母子健康手帳の交付や生活習慣病対策）の業務を担っています。社会的養護の分野では、虐待予防などの取り組みとして、育児相談や発達の相談・支援を母子保健の視点から行っています。

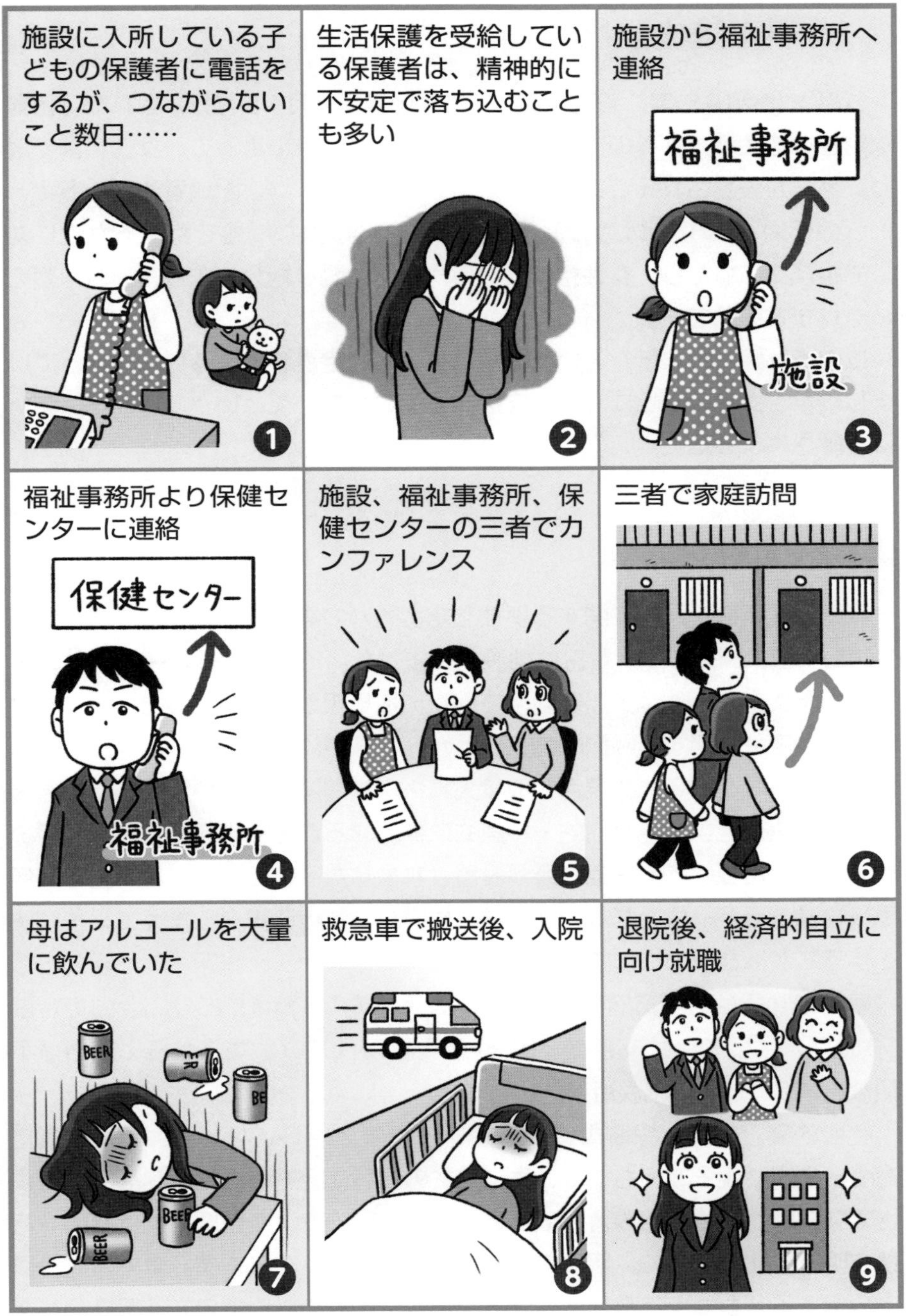

図1－5　社会的養護における福祉事務所、保健センターとの連携例

④ 女性相談支援センター

　2022（令和4）年に制定（2024（令和6年）4月1日施行）された「困難な問題を抱える女性への支援に関する法律」第9条によって、女性相談支援センターが設置されることになりました。センターは、配偶者やパートナーからの暴力（DV）をはじめとするさまざまな困難な問題を抱える女性に対して相談に応じたり、女性相談支援員や相談機関を紹介したり、一時保護をしたりする機関です。

　以前は「婦人相談所」という売春防止法に規定されている機関が担っていましたが、女性の立場に立った支援を充実させていくということから、新たに設置されました。

⑤ 家庭裁判所

　家庭裁判所は、家庭に関する事件を総合的かつ専門的に扱う裁判所として、1949（昭和24）年1月1日に創設されました。それ以前は、家事事件は家事審判所、少年事件は少年審判所で別々に取り扱われていました。しかし、両方とも家庭に関する問題であることから、法律的判断だけではなく心理や教育、医療などの専門的視点も取り入れ、家族問題や非行の背後にある原因や状況に焦点を当て、個別的・多角的に検討することで再発防止を図るという考えにもとづいて家庭裁判所が設置されました。そのため、裁判官と調停委員や参与員が一体となり、社会常識や良識、時代感覚をふまえて紛争解決をすることになっています。

　家庭裁判所は各都道府県に1か所（北海道のみ3か所）あり、全国で合計50か所、主要都市に支部が203か所設置されています。さらに交通が不便な地域77か所に出張所があります。

　社会的養護では、児童虐待に関する親権停止やDVなどによる接近禁止命令、夫婦や親子間のもつれ、生い立ちの課題、発達や性格傾向など、さまざまな要因が複雑に絡み合っていることが多いので、問題解決には要因や背景を明確にすることで、解決の方法が見つけやすくなります。また、非行傾向のある子どもは少年審判における保護処分として、児童自立支援施設へ送致されることもあります。

表1-1　家庭裁判所が扱う事件

家事事件 民法などに定められている 家庭に関する事件	少年事件 少年法などに定められている 20歳未満の少年に関する事件
❶離婚 ❷相続 ❸扶養 ❹遺産分割 ❺夫婦や親族間の争い ❻養子縁組や特別養子縁組の許可 ❼成年後見人の選任　　　　　など	❶少年犯罪 ❷罪を犯すおそれのある虞犯事件

※「少年」は男子をイメージすることが多いと思いますが、男子と女子の両方です。

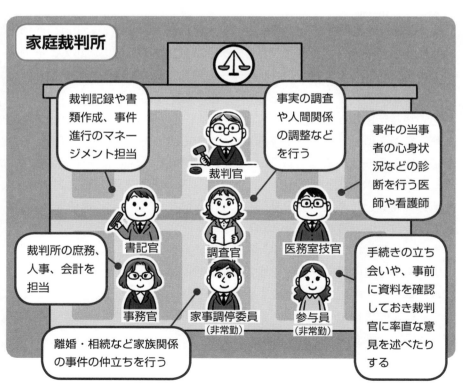

図1-6　家庭裁判所の職員

4 社会的養護に関連する法律等

① 児童福祉法

　児童福祉法は社会福祉六法の一つで、第二次世界大戦後の 1947（昭和22）年に公布、1948（昭和23）年に施行された法律です。この法律における児童は、第4条で「満18歳に満たない者」と規定されており、児童の区分についても示されています（表1-2）。

　第1条に「全て児童は、児童の権利に関する条約の精神にのつとり、適切に養育されること、その生活を保障されること、愛され、保護されること、その心身の健やかな成長及び発達並びにその自立が図られることその他の福祉を等しく保障される権利を有する。」と規定され、子どもは愛され保護されることを基本に健やかに成長する権利を保障された法律となっています。

　また、第2条に「全て国民は、児童が良好な環境において生まれ、かつ、社会のあらゆる分野において、児童の年齢及び発達の程度に応じて、その意見が尊重され、その最善の利益が優先して考慮され、心身ともに健やかに育成されるよう努めなければならない。」との規定があることから、子どもの最善の利益を保障しています。

　第2条第2項で「児童の保護者は、児童を心身ともに健やかに育成することについて第一義的責任を負う。」とし、養育の第一義的責任を親などの保護者であると明確に示したうえで、第2条第3項で「国及び地方公共団体は、児童の保護者とともに、児童を心身ともに健やかに育成する責任を負う。」と国や行政機関の責任も明確にしています。

　また、保育士についても第18条の4に規定されています。つまり、保育士は児童福祉法に根拠を置く、社会福祉の専門職ということなのです。そして、保育士の仕事としての対象は0歳児から18歳未満の子どもになります。

　さらに、児童相談所や里親、本書で学ぶ社会的養護に関するさまざまな施設などについても規定されています。

表1-2　児童の区分

児童 18歳未満の者	
乳児	1歳未満の者
幼児	満1歳から、小学校就学前の者
少年	小学校就学の始期から、18歳未満の者

出典：児童福祉法第4条をもとに筆者作成

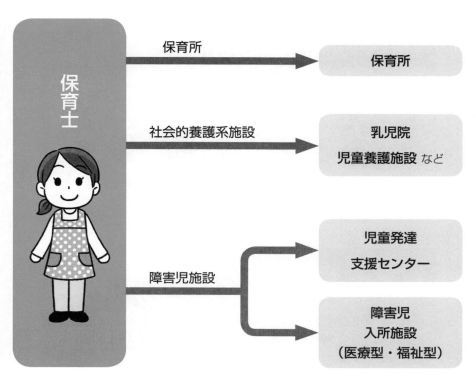

図1-7　保育の仕事の範囲

Step Up

さらに学びを深めよう

2022年改正児童福祉法

　2022（令和4）年に児童福祉法が改正され、多くが2024（令和6）年度に施行されることになりました。今回の改正は、子育て世帯に対する支援体制の強化や、子どもの意見聴取等の仕組みの整備、児童相談所等による支援の強化、一時保護における司法審査の導入、こども家庭ソーシャルワーカーの創設、入所児童などに対する自立支援の強化、子どもをわいせつ行為から守る環境整備、などの内容です。

■改正された主な内容■

子育て世帯に対する支援体制の強化

「全ての妊産婦、子育て世帯、子どもへ一体的に相談支援を行う機能を有する機関」（こども家庭庁、2023）をめざすために、子ども家庭総合支援拠点と子育て世代包括支援センターを統合す

る形で、こども家庭センターが創設されました。また、福祉型と医療型に別れていた児童発達支援センターを一元化しました（p.86参照）。

児童相談所等による支援の強化

親子再統合支援事業を制度化して、親子関係の再構築支援などを行います。また、里親への相談支援などを行う里親支援センターを児童福祉施設として位置づけました。

里親支援センター

一時保護における司法審査の導入

適切な一時保護を実施するために、一時保護開始の判断に関して司法の審査を導入することになりました。裁判所の裁判官に一時保護状を請求して認められることが必要です。また、第三者評価を受けることなど、一時保護所に関する設備や運営の基準を定めることが決まりました。

こども家庭ソーシャルワーカーの創設

ソーシャルワークの知識をしっかりと身につけた人が子ども家庭福祉の現場に必要なため、研修などを受けることで認定される資格をつくりました。

子どもをわいせつ行為から守る環境整備

子どもにわいせつ行為を行った保育士に対して、刑の内容によっては資格の欠格期間（再度資格を取得できるまでの期間）を期限なしにするなどの厳罰化が図られました。また、わいせつ行為によって保育士の登録を取り消された者等の情報を登録したデータベースを整備するなどの仕組みをつくることになりました。

わいせつ行為

② 民法

　民法は 1896（明治 29）年に制定され、1050 条の条文からなる法律です。全 5 編で構成されており、家族法ともいわれる家族関係に関するものは第 4編（親族）、第 5 編（相続）に規定があります。

　民法は、私たちの身近な「物を買う」「家を借りる」「結婚する」「離婚する」「親子」「親権」「相続」といったことについて規定されています。社会的養護では、家族法のとくに表 1 − 3 の部分が重要になります。

　2022（令和 4）年に民法が改正され、それまで 822 条に規定されていた「親権者による懲戒権」が削除され、親権者は子どもの人格を尊重し、子どもの年齢や発達に配慮すべきことと、体罰などによる子どもの心身の健全な発達に有害な影響を及ぼす言動が禁止されました。

　社会的養護には家庭を支援する役割もありますので、保育士をはじめとする施設の職員は子どもたちの生活支援のみならず、このような法的知識を持つことも必要です。

③ 児童虐待の防止等に関する法律（児童虐待防止法）

　この法律は、2000（平成 12）年に制定されました。1933（昭和 8）年にも（旧）児童虐待防止法がありましたが、児童福祉法の制定に伴い、廃止されています。

　新しい法律には具体的な運用の必要性が求められており、緊急対応時の立ち入り調査に警察官の援助要請や、施設入所に親が同意しない場合には面会や通信を制限できます。

　2004（平成 16）年の法改正で、保護者以外の同居人からの虐待を黙認・放置したりすることはネグレクトに位置づけられました。また、子どもの面前で行われるドメスティック・バイオレンス（DV）も「面前 DV」として心理的虐待と定義されています。

　2022（令和 4）年の改正民法による懲戒権の削除に伴い、この法律の第14 条も改正され しつけにおいて子どもの人格尊重と年齢や発達の程度の配慮、体罰や子どもの心身の健全な発達に有害な影響を及ぼす言動が禁止されました。

表1-3　社会的養護に関係する民法の規定

家族の身分に関するもの	夫婦の身分関係（婚姻・離婚） 財産関係（夫婦財産制・財産分与）
親子の身分に関するもの	親子関係（実子・養子） 財産関係（後見・扶養）
親族の身分に関するもの	親族の範囲および財産関係（扶養・相続）

STOP 児童虐待!!

身体的虐待

ネグレクト

心理的虐待

性的虐待

図1-8　児童虐待の種類

④ 母子及び父子並びに寡婦福祉法

　この法律はもともと 1964（昭和 39）年に母子福祉法として制定されました。その後 1981（昭和 56）年に寡婦（夫と死別や離婚したあと再婚せず、かつて児童を扶養していたことのある女性）が加わり母子及び寡婦福祉法となり、2014（平成 26）年には父子が名称に加わって母子及び父子並びに寡婦福祉法となりました。

　父子が加わった経緯には、2014 年に「次代の社会を担う子どもの健全な育成を図るための次世代育成支援対策推進法等の一部を改正する法律」が公布され、父子福祉資金制度が規定されたということがあります。父子家庭にも修学資金や生活資金等の貸し付け制度が創設されたことを受けて、この法律も父子家庭への支援が拡充されることになりました。

　この法律には、福祉資金の貸し付けや日常生活支援、親や子どもの雇用促進と就業支援、母子・父子福祉施設の設置などが定められています。

⑤ 配偶者からの暴力の防止及び被害者の保護等に関する法律（DV 防止法）

　この法律は通称 DV 防止法といわれ、2001（平成 13）年に制定、最近では 2023 年に改正されました。配偶者などの暴力（ドメスティック・バイオレンス、以下 DV）の被害から保護することを目的とし、通報や相談、保護や自立支援を促進するものです。

　DV は、一般的には親しい男女間での暴力を指しますが、この法律は配偶者間（婚姻届を提出した夫婦、事実婚、暴力が原因で離婚した元夫婦）の暴力を対象としています。

　DV の定義は、第 1 条で「配偶者からの身体に対する暴力（身体に対する不法な攻撃であって生命又は身体に危害を及ぼすものをいう。）」「心身に有害な影響を及ぼす言動」とされています。

　また、暴力の被害者を守るために加害者に対して裁判所が下す命令を「保護命令」（図 1-10）といいます。被害者は状況などを書面で、相手もしくは自分の居住地を管轄する地方裁判所または被害を受けた場所を管轄する地方裁判所に提出します。保護命令に違反すると、2 年以下の懲役または 200 万円以下の罰金が科せられます。

図1-9　母子及び父子並びに寡婦福祉法にもとづく支援

図1-10　保護命令の種類

⑥ 児童福祉施設の設備及び運営に関する基準

　2011（平成23）年までは児童福祉施設最低基準という名称で、児童福祉施設を利用する子どもに最低限度の質を保証するという趣旨のものでした。しかし、「最低基準をクリアしていれば十分」とはいえず、現在では第4条に「児童福祉施設は、最低基準を超えて、常に、その設備及び運営を向上させなければならない。」、第4条第2項に「最低基準を超えて、設備を有し、又は運営をしている児童福祉施設においては、最低基準を理由として、その設備又は運営を低下させてはならない。」と規定されています。

　児童福祉施設全般に定められている主なものは、非常災害に対する設備、職員の一般的要件、職員の配置基準、食事、給付金の金銭管理、施設の内部規定、帳簿、苦情対応です。その他の詳細は、各施設種別ごとに規定されています。

⑦ ハーグ条約（国際的な子の奪取の民事上の側面に関する条約）

　ハーグ条約は、オランダのハーグで1980年10月25日に採択され、1983年12月1日に発効した条約で、国と国との間で子どもの連れ去りの防止を目的としたものです。（2023年6月現在、日本を含む103か国が締約。）

　国際結婚で子どもがいる夫婦が離婚する場合、「国境を越えて子どもの身柄を移動することは子どもの利益に反する」ということで、「子どもの監護権（養育）についての手続きは、居住国で行われるべきである」とされています。したがって、親権者や監護権者（養育権を持っている親）の同意を得ずに他方の親が16歳未満の子どもを国境を越えて連れ去ったり、隠して留め置くなどの行為は子どもに悪影響を与えるというものです。

　両国がハーグ条約に批准していれば、子どもを奪われた親は政府を通じて、相手国に対し子どもの返還や面会交流の請求が可能です。これは子どもの最善の利益の保障のほかに、別れて暮らす親子が面会する権利を実現させる目的もあります。条約は国際的なルールなので、違和感を感じる人もいるかもしれません。DVなどが原因で日本に帰国した場合、日本人の保護は国として優先事項であることから、暴力が継続されたり、エスカレートした場合には返還を拒否できるという例外規定も置かれています。

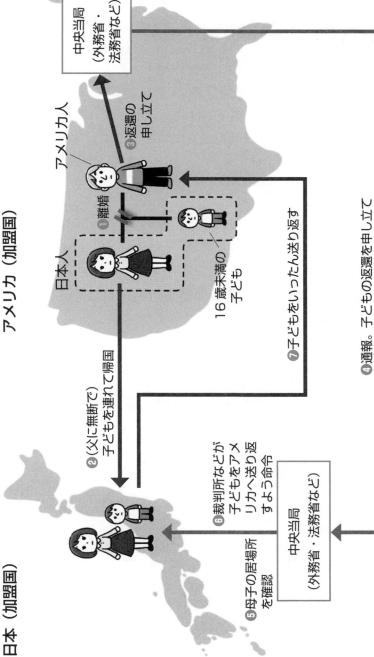

図1-11 ハーグ条約の例

出典：外務省「ハーグ条約ってなんだろう」を参考に筆者作成

アメリカ（加盟国）

中央当局
（外務省・法務省など）

アメリカ人

❶離婚

❸返還の申し立て

日本人

16歳未満の子ども

❷（父に無断で）子どもを連れて帰国

❼子どもをいったん送り返す

❹通報。子どもの返還を申し立て

日本（加盟国）

❺母子の居場所を確認

❻裁判所などが子どもをアメリカへ送り返すよう命令

中央当局
（外務省・法務省など）

Step Up
さらに学びを深めよう

児童虐待相談対応後の施設入所などについて

　児童相談所が受けつける児童虐待相談対応件数は、年々増加しています。みなさんのなかにも児童虐待相談対応件数のニュースを耳にしたことがある人もいるでしょう。しかし、その児童虐待相談を児童相談所が受けつけたあとに、どれだけの子どもが施設などで暮らすことになったのかということについてはあまり知られていません。そのため、ここでは 2021（令和3）年度の児童相談所の児童虐待相談対応件数と、その後の施設入所などの件数について紹介します。

2021（令和3）年度の児童虐待相談対応件数
207,660件

一時保護　**27,310件**

そのうち施設入所などになった件数　**4,421件**

児童養護施設 2,360件	乳児院 685件	里親委託など 617件	その他の施設 759件

> 児童虐待の相談を受けたあと、施設などで暮らすことになる子どもの割合はこのようになっているよ

出典：こども家庭庁、2023

私と社会的養護

　児童養護施設職員として 19 年間、施設で暮らす子どもたちと向き合ってきました。そこで出会った子ども全員が家庭で暮らせなくなった者たちでした。

　家庭にはさまざまな問題が襲いかかります。通常は、それをなんとか打開して解決していくのですが、問題が絡み合い、複雑になると、家庭の力では解決することは困難になります。そのような家庭を目の当たりにしてきました。

　一つ忘れてはならないことは、「子どもたち自身が施設に入所する原因をつくったわけではない」ということです。しかし、施設から社会に出て行く子どもたちは、社会から冷遇されることも少なくありません。施設出身ということに対する誤解や偏見、差別や同情を受けることも少なからずあります。結婚相手の両親に施設出身を理由に反対されたり、就職の際に身元引き受けを誰がするのかとプレッシャーを受けたり、事あるごとに「施設出身だから」と言われたりと、多くのハンディを背負って生きている子どもがたくさんいます。

　これを解決するには「社会に施設を理解してもらうことが必要」と考えましたが、施設職員として何をどうすればいいのか答えを見つけることはできませんでした。そのようなさなかの 2010（平成 22）年、施設の子どもにランドセルを贈った「タイガーマスク運動」が全国的に注目され、児童養護施設の知名度が上がりました。これを知ったとき、正直「やられた」という気持ちでした。「本来なら施設職員の私たちの仕事ではないだろうか」との思いでいっぱいになりました。

　この出来事から 2 年後の 2012（平成 24）年に児童養護施設を退職して大学へと移り、「児童養護施設を知ってもらう活動」として、保育士をめざす学生に社会的養護について伝えています。そして、もっと活動を広げていきたいとの思いから、2016（平成 28）年 9 月に一般社団法人児童養護応援団ともにを仲間と設立し、アウェアネスリボン運動として「ミントリボン運動」を展開しています。

◈ **引用文献**

外務省「パンフレット　ハーグ条約ってなんだろう」
こども家庭庁「社会的養育の推進に向けて（令和5年4月5日）」2023年、p.8
厚生労働省「児童養護施設運営指針」2012年
厚生労働省雇用均等・児童家庭局家庭福祉課（仮訳）「国連総会決議　児童の代替的養護に関する指針」2009年

◈ **参考文献**

福祉小六法編集委員会編『福祉小六法　2017年版』みらい、2017年
こども家庭庁「児童福祉法等の一部を改正する法律（令和4年法律第66号）の概要」2023年
厚生労働省「児童福祉法等の一部を改正する法律案（平成28年3月29日閣議決定）の概要」2016年
直島正樹・原田旬哉編著『図解で学ぶ保育　社会福祉』萌文書林、2015年

オススメ！

● **はじめまして、愛しています。〈ドラマ〉**

遊川和彦／脚本　テレビ朝日　2017年

特別養子縁組をテーマに制作されたドラマ。社会的養護を必要とする子どもの状況、里親になるための課題や手順などがわかりやすく理解できます。

● **キミはボク──児童養護施設から未来へ**

福島茂／著　サンクチュアリ出版

5歳から児童養護施設で暮らしていた著者が、父親への思いと自立について綴っています。

措置を基本とする施設
児童養護施設への入所と措置変更

田之山ふみ物語　第2話

　乳児院で暮らしていたふみは2歳になりました。母親の沙希からのかかわりはほとんどなく、児童相談所はふみを里親へ預けることを検討しましたが、沙希が同意しなかったため、児童養護施設「杉原学園」に預けられることになりました。

　ふみは杉原学園ですくすくと育ちます。6歳になっていたある日、林もえという女の子が入所してきました。同じ年の二人はすぐに意気投合し、何をするのも一緒でした。

　二人が小学4年生（10歳）のとき、施設の小規模化（第1章参照）に向けて、杉原学園を建て替えることになりました。子どもの入所定員が90名だった杉原学園は45名になり、もう一つ別の地域に45名定員の施設「天の川杉原ホーム」を作りました。さまざまな状況から、ふみは天の川杉原ホームへ移り、もえは杉原学園に留まることが決まりました。

　天の川杉原ホームに移ったふみは、もえと離れた寂しさを感じていましたが、杉原学園から一緒に移った子どもや職員がいたため、大きく落ち込まずにすみました。また、周囲に自然が多く、地域の雰囲気もよくて過ごしやすい環境だったので、ふみは元気に過ごしていました。

　ふみが小学5年生（11歳）のころ、一緒に杉原学園から移ってきた2歳年上の志水学（中学1年生、13歳）が精神的に不安定になり、リストカットなどの自傷行為を頻繁にするようになりました。そのため、必要な支援を行うために、児童心理治療施設に移ることになりました。

　一方、いつになっても母親の沙希からふみに対するかかわりはなく、小学6年生（12歳）のころから、「自分の父親は誰で、どのようにして生まれてきたのか」など自分の生い立ちがわからず、精神的に不安定になり混乱しはじめてしまいました。そこで、施設ではふみが中学1年生（13歳）のときにライフストーリーワークを行いました。その内容はふみにとって

は壮絶なものであり、受け止めきれるものではありませんでした。

　そして、ふみは自分が望まれて生まれてきた存在ではない、生きていても仕方がないと自暴自棄になり、不登校になってしまったのです。無断で外泊し、深夜徘徊や万引き、喫煙、施設職員への暴言・暴力などを行い、生活は荒れていきました。施設は、ふみがこのまま天の川杉原ホームで生活しつづけることは困難であり、生活環境を変える必要があると考え、児童相談所と協議して、中学2年生（14歳）のときに児童自立支援施設へ移すことに決めました。

　児童自立支援施設でふみは、夫婦で職員をしている寮長・寮母とともに規則正しく温かな雰囲気のなかで生活をしていくことで、自暴自棄になっていた自分を省みるようになりました。必死に勉強し、高校にも合格できました。そして西川南陵高校への入学を機に再び天の川杉原ホームへ戻ったのです。

　ふみは、周囲の大人たちが自分のことを真剣に考えてくれていることに気づき、親でなくても必死に子どもを育てている施設職員の存在に憧れを抱くようになりました。自分もそのような職員になりたいと思い、施設保育士をめざして大学へ進学することに決めました。

 学びのポイント

　ふみは乳児院から児童養護施設に移り、また途中で児童自立支援施設へも行きました。そのような社会的養護施設の制度や種類があります。そのため、ここでは以下のことを学んでいきます。

1. 措置制度とは何か。

2. 措置変更について学ぼう！

3. 措置による施設の種類と詳細について知ろう！

1 措置制度とは

① 措置による社会的養護の利用

　社会的養護を利用するにあたって、どのような制度になっているのかを知らない人が多いです。基本的には、措置制度と利用・契約制度に分かれます。利用・契約制度については次章で説明するので、ここでは措置制度について説明します。

　たとえば、父と5歳の子の二人で暮らしている家庭があるとします。その父親が転職し、運送業に就きました。その仕事は、長距離をトラックで走行して荷物を運搬することです。遠い地域に行くこともしばしばあり、2～3日家に戻って来られないこともあります。その間、幼い子どもを一人で留守番させるのは心配です。しかし、5歳の子どもを預かってくれる身内なども近くにはいないため、施設で預かってほしいと父親は考えました。隣の市にA児童養護施設があり、父親はそこで子どもを預かってもらえないかと、ある日、A施設を訪れました。

　しかし、A施設の職員は「すみません。うちの施設だけの判断でお子さんを預かるかどうかを決めることはできないのです」と返答し、児童相談所を紹介しました。

　父親は紹介された児童相談所へ行き、事情を説明しました。職員の児童福祉司が対応し、子どもを預かってくれる施設を探すことになりましたが、その間も父親は仕事があるので、子どもを一時保護所で預かることになりました。そして、児童福祉司が預かり先の施設を探したところB児童養護施設が候補にあがり、児童相談所は会議の結果、その施設へ預けることに決めました。父親も了解したので、その子どもはB施設へ入所しました。

　このように、保護者と施設の間で勝手に子どもを預けることを決めることはできず、児童相談所が間に入って施設への入所を決定していきます。このことを行政処分としての措置といいます。これは本来、都道府県知事や指定都市市長などに与えられている権限なのですが、社会的養護の分野では児童相談所長にその権限を委任していることから、児童相談所が決めるという仕組みになっているのです。

社会的養護において措置制度が採用されている施設など

➊乳児院

➋児童養護施設

➌児童自立支援施設

➍児童心理治療施設

➎里親

➏ファミリーホーム

➐障害児入所施設

社会的養護における措置とは、児童相談所が子どもの預け先を決めることだよ

障害児入所施設は、子どもが虐待を受けている場合などにかぎり措置されるよ！

A施設の職員

子どもをこちらの施設に預けたいのですが

こちらでは決められないのです

児童相談所の職員

子どもをA児童養護施設に預けたいのですが

すみません。B児童養護施設で預かってもらうことになります

図2-1　措置制度

② 措置変更について

　措置制度については理解できましたか。そのうえで、ここでは措置変更について説明していきます。

　子どもを施設などで預かる場合は、児童相談所の措置という行政処分であることは先ほど説明しましたが、ふみのようにはじめは乳児院で暮らしていて、ある年齢に達したので児童養護施設へ生活する場所を移ることになった場合や、志水学のように児童養護施設で暮らしていたけれど、児童心理治療施設へ移ることになった場合のことを措置変更といいます（p. 60 参照）。

　これは措置される先が変わる（変更される）という意味で、措置変更と呼ばれています。

　ほかにも、乳児院で暮らしていた子どもが里親へ委託される場合や、A児童養護施設で暮らしていた子がB児童養護施設で暮らすことになった場合も措置変更に該当します。

　子どもにとって有益な措置変更は必要です。しかし、そうではない措置変更は避けなければなりません。たとえば、児童養護施設で暮らしていた子どもが里親へ委託されたが、その里親との折り合いが合わず、里親がその子を受け入れ続けることが難しいからと再び児童養護施設へ戻されてしまうような措置変更は、子どもにとってはつらい経験となってしまいます。

③ 措置解除について

　施設や里親に措置されていた子どもが家庭に戻った場合には、措置を終えるということで措置解除となります。同じく施設や里親のもとから社会などへ自立して巣立っていく場合も措置解除となります。

　また、子どもが施設や里親のもとから家庭に戻る場合には、施設や里親と児童相談所との協議によって、措置停止という対応がとられることもあります。この場合、子どもが家庭に戻っても、もし保護者との折り合いがうまくいかなかったり、保護者からの虐待が発覚したりしたら、すぐに以前暮らしていた施設や里親で保護することが可能です。そのため1か月くらいの措置停止期間を設けて家庭の様子を見守り、とくに何もなければ措置解除を実行するという形をとることもあります。

児童養護施設などの施設にいた子どもが児童自立支援施設など種別の違う施設へ移って暮らす場合

児童養護施設 → 児童自立支援施設

乳児院や児童養護施設など施設にいた子どもが里親のところに移って暮らす場合

乳児院
児童養護施設 → 里親

A児童養護施設からB児童養護施設へ移るなど同じ種別の施設でも違う施設へ移って暮らす場合

A 児童養護施設 → B 児童養護施設

このように子どもが暮らす場所が変わることを措置変更というよ!

図2-2　措置変更

施設や里親などから家庭へ帰る場合

施設や里親から自立などで巣立っていく場合

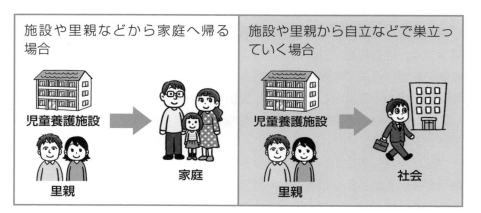

児童養護施設
里親 → 家庭

児童養護施設
里親 → 社会

図2-3　措置解除

2 乳児院

　乳児院は、児童福祉法第 37 条に定められている、基本的に乳児が暮らす施設です。乳児とは児童福祉法上で 1 歳未満と定められています。ただし、乳児院で暮らすすべての子どもが 1 歳未満かというとそうではなく、場合によっては小学校就学までの幼児が暮らすこともできる施設になっています。そのため、実際には幼児も多く暮らしています。理由はさまざまですが、養育者（職員）との関係性を継続できるように考慮されることなどがあげられます。

　子どもや家庭の状況によりますが、乳児院から児童養護施設に措置変更という形で施設を移る際の年齢は 2 歳前後が多いという現状があります。このように 1 歳未満でなければならないという厳格な基準ではないことがわかると思います。

　この施設では、これから長い年月を生きる基礎を築く年齢の子どもたちのために必要な子育てが求められます。授乳・食事、入浴、遊びなどを基本とした日常生活の支援によって発達を支えています。そして、家庭への支援も行っています。

　「児童養護施設入所児童等調査結果（平成 30 年 2 月 1 日現在）」（厚生労働省、2020）によると、この施設に預けられる理由としては「虐待」が最も多く、次いで「父母の精神疾患等」が多くなっています。

　また、乳児が暮らしていることから、とくに医療的ケアが必要となるため、小児科でかなりの経験のある医師や看護師が職員として配置されているのが特徴です。児童福祉施設の設備及び運営に関する基準の配置基準上では、看護師の配置は必須ですが、すべて看護師でなければならないわけではなく、看護師に代わる職員として保育士や児童指導員でもかまわないと定められています。そのため、実際に勤めている職員の大半は保育士という施設が多い現状があります。

　さらに一時保護については、乳児を受け入れる設備が整っていない一時保護所が多いため、乳児院へ委託一時保護されることが通例となっています。そのため、乳児院にはアセスメント（子どもの心と体の状況や子どもの置かれている環境なども把握すること）が求められています。

日課例	
7：00	起床 朝食
9：00	活動（散歩 や遊びなど）
11：30	昼食
13：00	お昼寝
15：00	おやつ
16：00	活動 （遊びなど）
16：30	入浴
17：30	夕食
18：30	余暇
19：30	就寝

図2-4　乳児院での生活（イメージ）

3 児童養護施設

　児童福祉法第41条に規定されている社会的養護のなかで一番設置数が多い施設です。この施設で暮らす子どもの数は年々減ってきていますが、それでも2022（令和4）年3月末時点で約23,000人の子どもたちが暮らしています。2010（平成22）年に端を発した「タイガーマスク運動」[1] やTVドラマ「明日、ママがいない」[2] などを機会として、徐々に社会に知られてきました。

　児童養護施設は基本的に乳児を除く18歳未満の子どもを保護し、育てる施設です。しかし、乳児が暮らすこともありますし、18歳を超えても支援が必要な場合は継続して暮らすことが可能です。

　ここでは衣食住の基本的生活習慣の確立や学習支援、治療的支援、自立支援などが行われています。温かな雰囲気のなかで職員やほかの子どもたちとともにご飯を食べ、入浴し、清潔な衣服を着て、余暇を過ごして暮らすことができます。地域の小中学校での義務教育を受けるなどの学校教育も保障されており、場合によっては塾や家庭教師などの学習支援が行われています。

　また、虐待をはじめとする心の傷つき体験がある子どもに対する心理的なケア、将来社会で生きていくために必要な自立に向けた支援などが実施されています。さらに、施設を退所した子どもへの支援も行われています。

　この施設に入所する理由として、調査結果（厚生労働省、2020）によると、最も多いのが「虐待」であり、次いで「父母の精神疾患等」となっています。ほかにも「父母の行方不明」「父母の離婚」「父母の死別」「父母の就労」「父母の拘禁」「父母の入院」「破産等の経済的理由」など多くの理由があります。また、施設入所理由にかかわらず虐待を受けた経験のある子どもは、約65％にのぼっています。その子どものなかでも「ネグレクト」の虐待を受けた子どもの割合が多くなっています。

　職員には、保育士や児童指導員といった直接子どもを支援する職員をはじめ、家庭支援専門相談員、里親支援専門相談員、個別対応職員、心理療法担当職員、栄養士、調理師、施設から委嘱を受けて健康診断・健康管理などを行う嘱託医などが配置されています。

図2-5　児童養護施設における支援の例（進路支援）

4 児童自立支援施設

　児童自立支援施設は、児童福祉法第44条に定められています。私立（社会福祉法人）が2か所、国立が2か所ありますが、それ以外は都道府県や指定都市が設立する公立がほとんどです。私立は、留岡幸助が創設した有名な北海道家庭学校と、女子のための施設である「横浜家庭学園」です。国立は、児童自立支援施設で働く職種の一つである児童自立支援専門員の養成所がある「武蔵野学院」と、女子のための施設である「きぬ川学院」です。

　この施設では、喫煙や深夜徘徊、万引き、暴走行為などの不良行為を行う子どもや、行う可能性のある子どもを保護し、自立に向けた支援を行っています。近年は発達障害などの障害を抱える子どもが増えてきており、約6割近くの子どもが何らかの障害を抱えています（厚生労働省、2020）。このことが支援の難しさにつながっています。また、入所している子どもは中学生が多いのが特徴です。

　施設入所理由としては、調査結果（厚生労働省、2020）によると「児童の問題による監護困難」が一番多いです。この施設で暮らす子どもの約65％は虐待を受けた経験があり、そのなかでも身体的虐待の割合が一番多く、次いでネグレクトの割合が多いという結果が出ています。親から暴力を受けていたり、放置されて愛情をかけてもらえなかったりと、つらく寂しい思いをしてきた子どもが、それらをぬぐい去るために不良行為をしてしまい、監護困難（子どもを手元で育てていくことが難しいこと）になっている面があるのです。

　そのため、小舎夫婦制といって一つの建物に職員夫婦が住み込み、施設の子どもとともに暮らしながら支援をしていく形態が伝統的に行われてきました。もちろん現在も、この形態を継続している施設もありますが、近年は職員が自宅から通勤できる交代制の形態をとる施設が増えてきています。

　児童自立支援施設で暮らす子どもは、日課における規則正しい集団生活をしており、施設によってはクラブ活動や農作業を日課に組み入れている所もあります。また、小中学生は施設内の学校（本校や分校、分学級）に通って義務教育を受けています。

「家庭」から児童相談所に相談して、この施設に来る場合があるよ！

また「家庭裁判所の決定」によって来る場合もあるよ！

そして「児童養護施設」から来る場合もあるよ。措置変更で来ることだね！

図2−6　児童自立支援施設への入所経路

児童自立支援専門員や児童生活支援員が直接子どもとかかわり、日常生活を支える職員だよ。小舎夫婦制では寮長（男性）・寮母（女性）と言われることもあるよ

保育士資格を持っている人は児童生活支援員になることができるよ

図2−7　児童自立支援施設で直接子どもを支援する職員

5 児童心理治療施設

　児童心理治療施設は、児童福祉法第43条の2に定められている施設です。2017（平成29年）3月末までは「情緒障害児短期治療施設」という名称でしたが、児童福祉法の改正に伴って「児童心理治療施設」と変更されました。

　さまざまな理由により社会生活への適応が難しい子どもが、基本的には短期間の治療や生活指導を受ける施設となっています。ただ、なかには長期間の入所を必要とする子どももいるため、高校生などの高齢児童も生活しています。また、多くの子どもはこの施設に入所して暮らしていますが、家庭から通所という形で通う子どももいます。

　施設入所理由については、調査結果（厚生労働省、2020）によると「虐待」が一番多いのですが、同じくらいの割合で「児童の問題による監護困難」があります。また、この施設で暮らしている子どもの約8割が虐待を受けた経験があり、多くの子どもが心に大きな傷を抱えています。それによって社会生活への適応が難しくなり、監護困難につながっているともいえます。

　そして、ほかの施設などに比べてこの施設で「特に指導上留意している点」で多いのは心理的対応になっています。このことからわかるように、重度な虐待などにより深く傷ついた心のケアがとくに必要な子どものための施設なのです。

　職員には、精神科または小児科の診療についてかなりの経験がある医師や心理療法担当職員、児童指導員、保育士、看護師等が配置されています。児童養護施設よりも心理療法担当職員の配置基準が高いことが特徴です。

　また、前述したように心のケアを必要とする子どもが多いため、医師や心理療法担当職員による支援とともに、日常的な支援を行う保育士や児童指導員の支援も重要な役割を担っていることは言うまでもありません。施設全体が治療の場であって、施設内で行っているすべての活動が治療であるという総合環境療法の考えで支援を行っています。

　可能であれば地域の学校へ通いますが、社会生活への適応が課題となっている子どもが多いため、通うことが難しい場合は学校の先生が施設に来て、授業を実施してくれます。そのため、その施設内学級などに参加して学習をしている子どももいます。

児童心理治療施設に入所している子どもの約8割が虐待を受けた経験があるんだよ……

たとえば、こんな経験をしたり……

こんな経験をしてきているんだよ

そのような子どもたちの心理的な治療をはじめとする支援を職員は協力して行っています！

医師

心理療法担当職員

保育士

児童指導員

図2-8　児童心理治療施設について

私と社会的養護

　私は14年間、児童養護施設職員として勤めていました。そこで多くの子どもたちと出会い、ともに成長してきました。勤めた当初は子どもの気持ちを十分に理解することが難しかったり、子どもに反発されたりして悩み、苦しむことも多かったです。

　しかし、子どものことで悩み苦しんでいるのですが、一方でそのような自分を救ってくれたのも子どもたちです。子どもたちは職員を含めた大人のことをとてもよく観察しています（おそらく入所前の家庭では、親をはじめとする大人の顔色をうかがって生活をしていた子どもも少なからずいたためだと思われますが……）。

　ともかく、私が子どもとの関係がうまくいかなかったり、仕事上の失敗をしたりして気落ちしていると、「すぎやん（または〝すぎちゃん〟など、あだ名で呼ばれることが多かったです）、どうしたん？」「しんどいの？」「仕事大変なん？」などと声をかけてくれたり、元気づけようとちょっかいをかけてくれたりしました。

　そのようにされることによって、私は子どものほうが「家に帰りたい」「親と暮らしたい」などのつらい思いを我慢して生活している部分もあるのに、大人である私に気を遣ってくれているなんて申し訳ないと思うことが多々ありました。それにより「よし、がんばろう！」と思えてきて、やる気が出ていました。また、子どもたちの無邪気な笑顔を見ることで、苦しい気持ちも癒されました。

　さらに、私は主に中学・高校生の子どもを担当していたのですが、その子どもたちはとてもがんばっていました。私の十分とはいえない支援にもかかわらず、自分たちで努力し、多くのことを学び、自立していきました。養成校の教員になってから施設職員時代のことを思い出すと、本当に力足らずであったのに、子どもたちはよくがんばってくれていたなぁと感じます。これは反省すべきことですが、いつも子どもたちに支えられていた職員だったと思います。そして、子どもたちの持っている優しさや強さにあらためて感動している今日このごろです。

◈ **引用文献**

厚生労働省「児童養護施設入所児童等調査結果（平成30年2月1日現在）」2020年

◈ **参考文献**

直島正樹・原田旬哉編著『図解で学ぶ保育　社会福祉』萌文書林、2015年
こども家庭庁「社会的養育の推進に向けて（令和5年4月5日）」2023年

注

（1）2010年12月にアニメタイガーマスクの主人公である伊達直人を名乗った人物から、群馬県の児童相談所にランドセルが寄贈されたことをきっかけに、全国の児童養護施設などへ伊達直人を名乗る人からの寄贈や寄付が相次いで起こったこの運動を「タイガーマスク運動」と呼びます。

（2）2014年1月より日本テレビ系列で放映されていたドラマで、児童養護施設を舞台にした内容でしたが、主人公が赤ちゃんポストに預けられていたことから、あだ名を「ポスト」としたり、現状の児童養護施設について視聴者に偏見と誤解を与えてしまう内容であったりしたので、熊本の慈恵病院（実在する国内唯一の赤ちゃんポスト「こうのとりのゆりかご」を運営）や全国児童養護施設協議会から抗議などの声が上がりました。

オススメ！

● 明日の子供たち

有川浩／著　幻冬舎

児童養護施設の様子がとてもわかりやすく描かれている小説です。
施設で暮らす子どもたちが施設をどのように捉えているのか、また、
施設職員が抱いている子どもたちへの思いがわかります。

●「生存者（サバイバー）」と呼ばれる子どもたち──児童虐待を生き抜いて

宮田雄吾／著　角川書店

長崎県の児童心理治療施設（旧：情緒障害児短期治療施設）で暮ら
す、壮絶な虐待を受けてきた子どもたちについて書かれた本。児童
虐待の実態やそれを生き抜いてきた子どもたちの状況がわかります。

● 親なき子

島津あき／著　金曜日

児童自立支援施設「北海道家庭学校」を舞台にしたルポタージュ。
不良行為などでこの施設に来た子どもたちの思いや、その家族背景
などが著者によるインタビューをふまえて書かれています。

利用・契約を
基本とする施設
大学入学と施設実習

田之山ふみ物語　第３話

　高校３年生の１月、ふみは橋本学院大学こども学部の一般入試に合格しました。そして、措置延長と児童自立生活援助事業を利用し、引き続き大学卒業まで天の川杉原ホームで生活することになりました。

　晴れて大学生になったふみは、日々、保育士になるための勉強に励みます。また、イタリアンレストランでアルバイトをしながら、将来の自立に向けてお金を貯める努力をしました。

　大学生活やアルバイトにも慣れ、保育士になるための勉強を進めるうちに自分が育った乳児院や児童養護施設のほかに、さまざまな施設で保育士が働いていることを知りました。また措置制度と**利用・契約制度**というものがあり、これらの制度のもとに施設を利用できることも学びました。

　２年生になり、初めての実習となる保育実習Ⅰ（施設実習）では障害児入所施設に行くことが決まりました。ふみは緊張や不安を感じていましたが、アルバイト先の同僚で、ふみと同じ大学の社会福祉学部に通う河原直宗にいろいろと話を聞いてもらったところ、緊張や不安も和らぎ、実習に

取り組むことができました。

　社会的養護に関心のあったふみは、
3年生では保育実習Ⅲを選択し、母
子生活支援施設で実習を行いました。
4年生になると、退所後の生活を予
想して天の川杉原ホームに隣接する
自立訓練棟で一人暮らしの予行練習
を行いました。施設での生活が長か
ったため、なかなか一人暮らしに慣
れることができませんでしたが、定

期的に職員が自立訓練棟に訪問してくれたり、たまに自身が生活していた
ホームに帰ったりすることで、徐々に一人暮らしに慣れることができまし
た。

　このような生活を続けることで、ふみは次第に天の川杉原ホームを実家
のような存在だと感じるようになり、一人暮らしの生活にも自信をもてる
ようになりました。

 ## 学びのポイント

　ふみが大学で学んだように、社会的養護の施設を利用するには前章で
学んだ措置制度と、もう一つ利用・契約制度というものがあります。こ
こでは、以下のことについて学んでいきましょう。

1. 利用・契約制度とは何か。

2. 利用・契約制度の仕組みについて学ぼう！

3. 利用・契約制度を基本とする施設について
学ぼう！

1 利用・契約制度とは

① 措置から契約へ

　社会的養護の施設を利用するには、前章で解説した措置制度のほかに利用・契約制度というものがあります。

　では、どのような制度なのか見ていきましょう。利用・契約制度は「利用」と「契約」という言葉に分けることができます。どちらも私たちが日頃からよく見聞きしたり、口にしたりする言葉です。

　利用には「電車を利用する」や「子どもが利用する」といったように、「物などを自分の役に立つように用いる」という意味があります。一方、契約という言葉は、「Ａ社と契約する」「契約が成立する」というように使われます。『広辞苑』（岩波書店）で契約を引いてみると、「①約束。②対立する複数の意思表示の合致によって成立する法律行為。」とあります。

　利用・契約制度とは、施設や福祉サービスを利用しようと思う人（子どもの場合は保護者）が、そのサービスを受けようとする施設や事業者と対等な関係で契約を結び、施設を利用したりサービスを受けたりするための制度なのです。つまり、利用したい施設を自由に選び、その施設と契約し福祉サービスを受けるということです。

　日本の社会福祉制度は戦後に制定されました。しかし社会や経済、家族形態、子どもの状況は大きく変化し、社会福祉を必要とする人も多岐にわたるようになり、今までの社会福祉制度では対応が難しくなってきました。そのような状況を打破し、新たなニーズに合わせるために取り組まれてきたのが、1990 年代後半からはじまった社会福祉基礎構造改革です。

　この改革の大きな特徴として、措置から契約へという言葉がありました。従来、福祉施設を利用するためには、措置制度にもとづき行政がサービス内容を決定していましたが、社会福祉基礎構造改革の流れによって、多くの社会福祉施設が措置制度から利用・契約制度へと移行していきました。

昔は……

時代の変化とともに、社会、経済、家族形態、子どもの状況等の変化

いろいろな形の福祉が必要になり、
戦後に制定された社会福祉制度では対応できない。

そこで……

社会福祉基礎構造改革

措置制度から利用・契約制度へ

図3−1　社会福祉基礎構造改革による利用・契約制度への転換

② 施設種別ごとの利用・契約制度への流れ

　多くの社会福祉施設が利用・契約制度に移行したきっかけは、先に述べた社会福祉基礎構造改革にあります。たとえば保育所は 1997（平成 9）年に成立した改正児童福祉法により、1998（平成 10）年に利用・契約制度に移行しました。さらに母子生活支援施設と助産施設は、2000（平成 12）年に成立した改正児童福祉法でこの制度に移行しました。

　障害児施設については、2006（平成 18）年の障害者自立支援法（2013（平成 25）年より「障害者の日常生活及び社会生活を総合的に支援するための法律」。以下、障害者総合支援法）の成立と児童福祉法の改正によって、基本的に障害児施設の利用（虐待や養育拒否など保護者による養育が不適切であると認められる場合は措置制度が適用される）は措置制度から利用・契約制度に移行しました。

　利用方式は、施設の種別ごとに特色があります。保育所や母子生活支援施設、助産施設の場合は市区町村に申し込み、施設を利用する要件を満たし、市区町村から認められれば施設を利用することができます。この場合、利用者は市区町村と契約する形となり、保育料など施設の利用料は市区町村に支払います。

　また、サービスの提供責任は市区町村にあり、市区町村は利用者が選んだ施設にサービスを委託します。ただし、利用したい施設が満員の場合は、その施設に空きが出るまで待つか、ほかの施設を選ぶ必要があります。

　障害児施設に関しては、障害者総合支援法による利用方式となります。サービスを利用したい人は市区町村による障害支援区分の認定を受けます。その認定結果によって、利用できるサービスの種類や量は変わってきますが、基本的には利用者がどのサービスを利用するかを選ぶことができる仕組みとなっています。障害児入所施設の場合は児童相談所に相談し、利用の申し込みを行います。

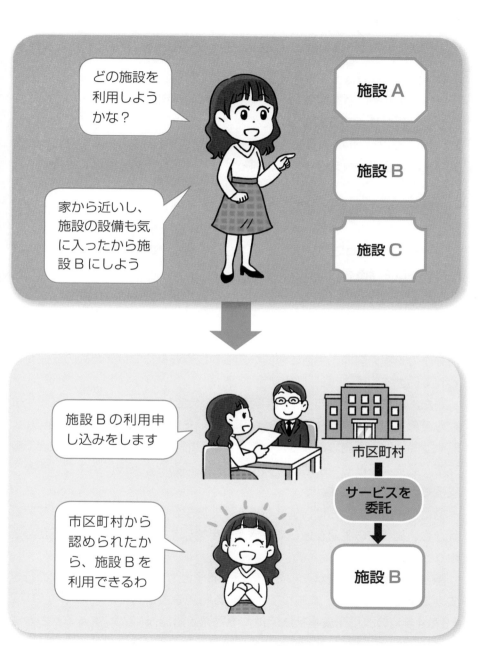

図3-2　利用・契約制度

2 障害児入所施設

　障害児入所施設は、児童福祉法第 42 条に定められています。

　障害のある子どもを対象とした施設は障害の種別ごとに分けられていましたが、身近な地域で支援が受けられ、また複数の障害に対応できるように2011（平成 23）年の改正児童福祉法で一元化されました。障害種別は取り払われ、障害児入所支援として、福祉サービスを行う福祉型と、福祉サービスと治療を行う医療型の二つに分けられました。

　障害児入所施設には、家庭で生活することが難しい障害のある子どもたちが生活しています。前節（p. 82）でも触れましたが、障害児入所施設は利用・契約制度が基本となります。ただし、虐待などの不適切な養育が見受けられる場合は措置制度となります。

　以前の知的障害児（頭脳を使うなどの知的行動に支障がある子ども）施設や盲ろうあ児（目や耳に障害のある子ども）施設は、福祉型障害児入所施設となりました。将来的に自立できるように、子どもの障害や発達に応じた日常生活動作の支援や訓練、生活に必要な知識や技術を身につけるための支援が行われています。

　また、以前の肢体不自由児（手足など体の機能が不自由な子ども）施設や重症心身障害児（知的障害と身体障害が重なり、その程度が重い子ども）施設は、医療型障害児入所施設となりました。重い障害があり、日常的に医療面での支援が必要な子どもが生活しており、日常生活面での支援に加えて、医療的支援も行われています。

　福祉型・医療型ともに、子どもにとって施設が家庭の代わりとなっている面から、施設での生活を通して生きがいを感じてもらえるような配慮が必要になってきます。

　障害児入所施設の現状として、入所する子どもが 18 歳以降も、次の行き先が決まらず、そのまま施設で生活する利用者もいます。そのため 2022（令和 4 年）の改正児童福祉法では、障害児入所施設に入所する子どもが成人として地域生活等へ移行するための調整を行う責任主体は都道府県・政令市であることを明確化し、22 歳満了時（満 23 歳に達するまで）までの入所継続を可能としました（2024（令和 6）年 4 月 1 日施行）。

障害児入所支援

障害の種類に関係なく、住んでいる地域で支援を受けることができる

福祉型障害児入所施設

子どもの発達に応じた、生活面での支援が中心

医療型障害児入所施設

常時、治療・介護が必要なため、医療面での支援が必要

子どものニーズを福祉型・医療型、それぞれの施設の特色に合わせて利用し、その施設で生活する

図3−3　障害児入所施設における支援

3 児童発達支援センター

　児童発達支援センターは児童福祉法第43条で定められており、障害のある子どもが主に保護者のもとから通い、支援を受けています。

　障害児入所施設と同じく、2011（平成23）年に成立した改正児童福祉法で障害の種別が取り払われ、福祉型児童発達支援センターと医療型児童発達支援センターの2種類に分けられました。これで障害の種別に関係なく施設に通えるようになり、障害児通所支援の一部として支援を受けることができるようになりました。

　しかし、主に未就学の障害のある子どもに対して発達支援を行う児童発達支援センターは、地域において障害のある子どもたちの中心的な役割を担う必要があります。そのため、2022（令和4）年の改正児童福祉法（令和6年4月1日施行）では、この福祉型・医療型という種類も取っ払い、一元化することで、すべての障害のある子どもたちとその家族にとって身近な地域で必要な発達支援を受けられる機関となりました。

　そして、多様な障害のある子どもに対し、適切な発達支援につなげ、地域の障害児支援の質を高める存在として、児童発達支援センターが地域における障害児支援の中核的役割を担うことが明確化されました。

　児童発達支援センターでは、障害の特性や発達に合わせて、日常生活における動作や自立に必要な知識や技能、集団生活への適応力などが身につけられるよう生活支援や訓練を行います。また、治療が必要な子どもに対しては、医療的な支援も行われます。

　児童発達支援センターには、①障害のある子どもやその家族を支える発達支援・家族支援機能、②地域の障害児通所支援事業所をサポートするスーパーバイズ・コンサルテーション機能、③地域の障害対する理解を深めるインクルージョン推進機能、④障害のある子どもに関する相談入口となる相談機能が求められています。また地域支援が必須であり、地域の支援体制を充実させるため、児童相談所など関係機関との連携も求められます。

発達支援・家族支援機能

障害理解や保育など幅広い専門性にもとづいて、子どもや家庭の支援を行う。

スーパーバイズ・コンサルテーション機能

地域の障害児通所支援事業所に対して、支援内容などの助言や援助を行う。

児童発達支援センター

地域にいる障害児やその家族への相談支援の拠点

インクルージョン推進機能

専門的な知識・経験にもとづいて、地域の障害理解を深め、地域のインクルージョン推進の中核拠点になる。

相談機能

子どもの発達に不安を感じたり、育児不安を抱えている家族に対して、丁寧に発達支援の入口となるよう相談を行う。

協力・連携

地域の関係機関

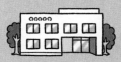

児童相談所

保健センター

病院（医療機関）

図3-4　児童発達支援センターにおける地域支援

4 母子生活支援施設

　母子生活支援施設については、児童福祉法第38条に定められています。母子家庭や何らかの理由で離婚できない母と子が一緒に生活することができる施設です。原則、子どもが18歳になるまで施設を利用できますが、必要な場合は20歳まで延長することができます。2022（令和4）年の改正児童福祉法によって改正された児童自立生活援助事業を利用すれば、20歳以上も施設を利用できる場合もあります（2024（令和6）年4月1日施行）。

　施設では、母と子が落ち着き安らぎを感じられるよう生活を安定させるとともに自立に向けての支援や相談を行っています。また、施設を退所したあとも相談や支援を行います。

　以前は母子寮という名称でしたが、改正児童福祉法により1998（平成10）年から母子生活支援施設に変更されました。母子寮は終戦後、夫や家族、家を失った母子の支援を行い、戦後の母子家庭対策として大きな役割を担ってきました。しかし、本章のはじめにも触れましたが、戦後、日本の様子は大きく変化していきました。核家族化が進み、経済的問題や就労、離婚などの課題が出てきました。そのため、母子生活支援施設を利用する母子が抱える課題についても変化しました。

　現代ではDVという名称で知られているドメスティック・バイオレンスや児童虐待、貧困などが理由で母子生活支援施設を利用する母子が増えています。とくにDVを理由とする入所が約半数を占めています。そのような母子を保護するとともに、生活を支援しながら、就労支援や子育て支援、退所後に経済的・精神的に自立した生活が送れるよう支援を行うことが母子生活支援施設の役割です。

　また母子生活支援施設は、ほかの施設と大きく違う点があります。それは親子（母子）が分離されることなく、一緒に施設へ入所できるという点です。母子がともに生活するなかで、母親への支援、子どもへの支援、母子関係の再構築に向けた支援を行い、最終的に母子の自立支援につなげていくことも母子支援生活施設の大きな特徴であるといえます。

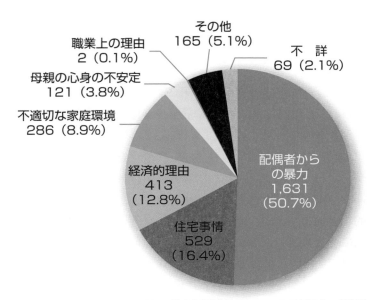

図3-5 母子生活支援施設への入所理由（世帯数）

出典：厚生労働省、2020 をもとに筆者作成

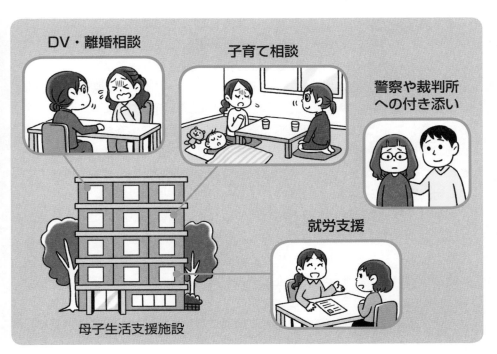

図3-6 母子生活支援施設における支援

5 自立援助ホーム

　自立援助ホームは児童福祉法第6条の3、第33条の6で児童自立生活援助事業として規定されています。第2種社会福祉事業に位置づけられており、社会福祉法人やNPO法人などが運営しています。

　義務教育を修了し、児童養護施設や児童自立支援施設を退所した場合、その他何らかの事情によって家庭で暮らせないなど、安定した生活が送れなくなった子どもが通学や就労をしながら自立をめざす施設です。

　小規模で家庭的な環境のもとで、信頼関係を築き、経済的・精神的に支えられながら社会的に自立できるように支援することを目的としています。

　自立援助ホームは22歳になる年の年度末（多少の制限あり。右図参照）まで利用することができます。2022（令和4）年の改正児童福祉法では、この上限年齢が撤廃され、22歳になる年の年度末以降も利用できる場合があります（2024（令和6）年4月1日施行）。

　自立援助ホームの特徴としては、児童養護施設や児童自立支援施設を退所した子どもたちのアフターケアを担う機能があります。たとえば、中学校卒業後や高校卒業後または高校中退により施設を退所しなければならない場合があります。自立援助ホームには、そのように社会に出たもののうまくいかず行き場をなくし、困難や課題を抱えた子どもが入所しています。自立を余儀なくされた子どもの受け皿となる施設であり、児童養護施設や児童自立支援施設等のアフターケアを補完する意味でも、その存在は大きく、重要であるということがわかります。先ほど触れた年齢撤廃のため、社会的養護において自立援助ホームは、より重要な役割を担うことになります。

　もちろん施設を退所した子どもだけではなく、虐待や貧困など、さまざまな事情によって家で生活できなくなり、自立せざるをえなくなった義務教育を終了した子どもも対象となります。最近では家庭から直接入居するケースも増加しています。すなわち自立援助ホームは、自立をめざす子どもたちの安全基地になっているということです。

　入居するには、児童相談所や入居を希望する自立援助ホームに直接相談します。その後、本人が児童相談所に入居の申請を行いますが、これは自立援助ホームが代行して行うことができ、承諾されれば入居が決定します。

自立援助ホーム

暮らしている人

家庭に居場所がない、原則15歳（中学校卒業後）～22歳になる年の年度末まで（20歳以降は大学等に通っているなど、多少の制限があり）の青少年が通学や働きながら暮らしている。

※22歳の年度末以降も、支援が必要な場合は利用できる

目 的

安心できる生活空間を提供し、就労を支援して社会的自立をめざす。

図3-7　自立援助ホームにおける支援

6 児童家庭支援センター

　児童家庭支援センターは児童福祉法第44条の2に規定されています。

　地域に暮らす子どもとその保護者、家族、里親、住民などから、子育てやしつけ、子どもの発達、子どもの問題行動など、子どもに関するさまざまな相談を受け、助言や支援を行います。児童相談所や児童養護施設など関係機関との連絡調整も行います。

　1997（平成9）年の改正児童福祉法で新設された施設ですが、その背景には、子どもに関する問題が複雑化し、児童虐待が増加していくにつれ、児童相談所だけでの対応が難しくなってきたことがあります。そのため、児童相談所の機能を補完しながら、関係機関とネットワークを形成して地域に密着し、よりきめ細かな支援を行う施設の必要性が出てきたのです。

　法定化された当時は、夜間や休日など24時間365日、専門的な対応をすることをめざしていたため、児童養護施設や乳児院に付属して設置されることが条件となっていました。

　しかし、より地域に根差した支援の必要性から、この条件は2008（平成20）年の改正児童福祉法で緩和され、一定の要件を満たす医療機関やNPOなど、地域で相談支援を行う機関であれば、単独での設置が可能になりました。

　また、児童家庭支援センターは里親やファミリーホームを支援する機能もあり、里親支援機関として「里親養育包括支援事業」（フォスタリング事業）を実施しているところも存在します。そのため、児童家庭支援センターは児童養護施設等と協力・連携しながら、里親を支える機関としての役割も求められています。

　このように子どもに関するさまざまな地域のニーズに応えるとともに、地域にネットワークを形成し、社会的養護と地域をつなぐソーシャルワーク拠点としての機能も大きな特徴といえるでしょう。

子育て中の
保護者

家族

近所の
住民

子ども

里親

子どもや子育てに関する心配
事や気になること、子ども自
身の悩みなど

電話、来所、
（職員の）訪問、
メールなど

相談

専門的な知識・
技術の支援

里親支援機関
として、地域
の里親も支援

児童家庭支援センター

子育てや子どもの問題
など地域の子どもに関
するニーズに対応し、
子育て家庭を支える

原則24時間365日
いつでも相談OK
※電話による緊急相談はあ
るが、公表されていない
場合もある

社会的養護と地域
をつなぐソーシャ
ルワーク拠点

児童虐待の防止

連絡・
調整

地域ネットワーク

児童相談所
児童養護施設など

役所

学校
保育所・幼稚園

病院

警察

図3-8　児童家庭支援センターにおける支援

Step Up

さらに学びを深めよう

自立支援コーディネーターと子どもシェルター

　自立支援コーディネーターとは、直接的に子どもの生活支援に携わる保育士や児童指導員とは独立した職種で、入所している子どもの自立に向けての支援を専門に行います。

　たとえば、進学や就職を考えている子どもに対して奨学金などの話をしたり、実際に一人暮らしを体験し、退所後の生活が具体的にイメージできるよう支援を行います。また、施設を退所した子どもの状況を把握し、その子どもの相談に応じて必要な支援につなげたりもします。そのため自立支援コーディネーターにはソーシャルワークの機能がよりいっそう求められることになります。

　また、子どもシェルターとは、子どもが緊急的に避難する場所です。とくに児童福祉法の対象が18歳未満なので、10代後半の子どもは制度の狭間となってしまい、児童相談所での保護が困難です。あるいは、さまざまな事情のため、18歳未満であっても児童相談所等にSOSを出すことができない子どもも存在します。そのような居場所を失ってしまい、助けを必要としている子どもが利用しています。シェルターには専門スタッフが常駐しており、子どもが安心して生活できるように支援を行っています。施設の種別としては、自立援助ホームのカテゴリーに含まれます。

家に帰りたくない。今すぐ逃げたい……助けてほしい

緊急避難

シェルター

弁護士、社会福祉士、医師、心理士、ボランティアなど

私と社会的養護

　皆さんは、この科目を学ぶまでに「社会的養護」という言葉を聞いたことがありますか。おそらく多くの人がなかったと思います。私自身も大学で子ども領域の福祉を学ぶことで、この言葉を知りました。

　社会的養護系の施設で一番入所者が多いのは児童養護施設ですが、それでさえ私は実習に行くことになって初めて、自分が住んでいる市に児童養護施設があることを知りました。「えっ、こんなところに施設なんてあったの」と驚いたことを覚えています。

　このような体験は皆さんにもあるのではないかと思います。児童養護施設という言葉は知っていても、ほとんどの人が今までの人生の中でかかわったことはなく、「児童養護施設はよくわからない」というのが実際ではないでしょうか。

　実は全国で約4万2千人（2022年3月末）の子どもたちが児童養護施設や乳児院、里親など社会的養護のもとで生活をしています（こども家庭庁、2023）。この数を知って意外に多いなと思ったのではないでしょうか。それは児童養護施設など社会的養護に対する認知度が低すぎるために意外と感じるのだと思います。

　その認知度の低さからドラマなどメディアの描かれ方次第で偏った児童養護施設へのイメージにつながってしまう場合もあります。そのため、施設に入所する子どもが嫌な思いをしたり、社会で誤解や偏見を受けたりすることもありました。

　地域に児童養護施設があったり、里親がいたりする場合は、施設の子どもや里親宅で生活する子どもがその地域の幼稚園に通うことになります。そのような現状をふまえると、保育者は社会的養護にかかわる子どもを正しく理解する必要があります。

　社会的養護にかかわる子どもを、遠い存在ととらえるのではなく地域の身近な存在としてとらえ、正しく理解していくという姿勢を大切にしてもらえればと思います。

◉ **引用文献**

厚生労働省「児童養護施設入所児童等調査の概要（平成30年2月1日現在）」2020年
新村　出編『広辞苑 第六版』岩波書店、2008年

◉ **参考文献**

こども家庭庁 HP「児童福祉法等の一部を改正する法律（令和4年法律第66号）の概要」
　2023年5月28日閲覧
こども家庭庁「社会的養育の推進に向けて（令和5年4月5日）」2023年
厚生労働省「社会的養護の現状について（平成29年7月）」2017年
長瀬正子＋Children's Views & Voices『社会的養護の当事者支援ガイドブック―― CVV の
　相談支援』Children's Views & Voices、2015年
直島正樹・原田旬哉編著『図解で学ぶ保育　社会福祉』萌文書林、2015年
NHK「ハートネットTV」HP「シリーズ『施設』で育った私 第2回 "巣立ち" を支える児童養
　護施設の試み」2017年5月3日閲覧
社会福祉法人カリヨン子どもセンター HP、2017年5月3日閲覧
タイガーマスク基金 HP「タイガーマスク基金 インタビュー＃9」2017年5月3日
全国児童家庭支援センター協議会 HP「児家センの機能」2016年9月28日閲覧
全国自立援助ホーム協議会 HP「自立援助ホームとは」2016年9月28日閲覧

オススメ！

● **自立援助ホームハンドブック さぽおと GUIDE―実践編―**

ハンドブック作成委員会／著　全国自立援助ホーム協議会

自立援助ホーム職員や子ども家庭福祉に携わる研究者が執筆した、自立援助ホームのためのハンドブックです。自立援助ホームでの支援や運営の仕方について、わかりやすく書かれています。

● **社会的養護関係施設における親子関係再構築支援事例集 〈PDF〉**

親子関係再構築支援ワーキンググループ／著　厚生労働省

社会的養護関係の施設における家族再統合支援に関する事例集で、厚生労働省 HP からダウンロードできます。本章でも説明した母子生活支援施設や児童家庭支援センターの事例も記載されています。具体的な支援事例が記載されており、各施設がどのような支援を行っているのかを知ることができます。

社会的養護の歴史
資格を取得し、大学卒業

4

田之山ふみ物語　第4話

　2年次の保育実習Ⅰでは障害児入所施設、3年次の保育実習Ⅲでは母子生活支援施設で実習を行ったふみは、ますます施設保育士として働きたいと思うようになりました。

　どの施設種別で働きたいのか悩んでいましたが、やはりさまざまな問題を起こしながらも自分を成長させてくれた児童養護施設で働きたいと考えました。そこで大学の石岡先生に相談してみたところ、施設現場を知る機会にもなり、場合によっては就職につながるかもしれないということで、児童養護施設「未来の家」でのアルバイトを紹介してくれました。

　「未来の家」でのアルバイトをはじめたふみは、自分が生活していたときにはわからなかった職員の配慮や思いを徐々に理解していきました。施設では子どもへの支援についてさまざまなことを考え、実施していることを知ったのです。そして、自分が育った施設の職員に対しても感謝の気持ちがあふれてきました。

　また、ふみは石岡先生の研究室を時々訪れ、アルバイトの様子などを伝えていました。すると、ある日、石岡先生はふみに次のようなことを話してくれました。

　「田之山さん、施設で働くことはとてもやりがいがあるよね。ただ、田之山さんが働きたいと思っている児童養護

施設はどのようにして作られたのかわかるかな。現在のことも大切だけれど、施設がどのような背景で誰によって作られたのかや、どのような思いを抱いていたのかなど、先人たちの志を含めて歴史を知るということも重要なことなのだよ」

　ふみはこのことを聞いて、衝撃を受けました。

「授業で社会的養護の歴史についても教わったけど、過去のことなんて今の子どもには関係ないって決めつけてきちんと学んでいなかったわ。でも、先生がおっしゃるように歴史を知るってとても大切なことですよね」

　それから、ふみは再び歴史について学び直しました。そして、ほかにも必要な単位を取得し、無事に保育士資格を得て卒業することになりました。また、アルバイト先の児童養護施設「未来の家」から求人の話をもらい、無事に採用試験に合格して就職が決まったのです。
　大学を卒業したあと、天の川杉原ホームを退所して一人暮らしをはじめ、新たな一歩を踏み出しました。

 学びのポイント

　ふみが石岡先生から教わったように、現在のことだけを知ればいいのではなく、過去の背景や流れなどを知っておくことは重要です。そのため、ここでは以下のような点について学んでいきます。

1. 日本の子どもや福祉、社会的養護に関連する歴史的変遷を知ろう！

2. 海外の子どもや福祉、社会的養護に関連する歴史的変遷を学ぼう！

1 日本の社会的養護の歴史【明治期まで】

　日本の児童保護・救済活動で古いものといえば諸説ありますが、聖徳太子が築いた四天王寺にある四箇院（施薬院・療病院：現在の薬局や病院、敬田院：寺院、悲田院）のなかの悲田院があげられます。この悲田院では生活困窮者や孤児が保護されていたといわれています。

　また、江戸時代の農村では「結」、漁村では「催合」という相互扶助組織が作られていました。田植えや稲刈り、地引網漁を行う際には多くの人手が必要となるため、互いに助け合いが行われていたのです。そのようななか、人身売買や堕胎、間引き、捨て子が多かったため、幕府はこの相互扶助の体制を利用し、1690（元禄3）年に棄児の禁止令を出しました。そして、棄児が出ればその地域の相互扶助組織内で養育するようにしたのです。

　明治時代に入ると、1874（明治7）年に公的救済制度としての恤救規則が制定されました。しかし、この規則によって救済される人は、基本的に頼る人がおらず、障害や70歳以上の高齢、病気により働けない人、13歳以下の孤児が対象とされ、限定的でした。

　さらに、救済内容は米を買う代金の支給だけであり、医療や住居などは保障されていませんでした。そのため、多くの人が保護・救済されたわけではなく、まだまだ不十分な制度であったと言わざるを得なかったのです。

　このように、公的な救済制度には限界があったため、孤児などの保護・救済にあたったのは民間の人たちでした。聖徳太子以降は仏教の考えのもとに救済が行われてきましたが、キリスト教が日本に伝来し、一時期はキリシタン（キリスト教信者）への弾圧もありましたが、明治期はキリスト教の思想による救済活動が活発になっていきました。

　次からは、そのキリスト教信者も含めた明治期の児童保護・救済活動に尽力した人物を紹介していきます。

恤救規則

明治時代に作られた公的救済制度。画期的といえばそうだが、まだまだ不十分な制度だった

病気で働けない人や高齢者、子どもなど対象が限られていた。しかも、お米が買えるだけのお金が与えられるのみ……

そんななか、自分たちの力で子どもを助けようとした人たちが現れたよ

| 岩永マキ | 石井十次 | 石井亮一 | 小橋勝之助 | 留岡幸助 |

図4−1　明治期の救済制度「恤救規則」と児童保護救済活動

2 明治期の社会事業家たち

① 岩永マキと浦上養育院

　岩永マキらキリシタン（キリスト教の信者）は、キリシタン弾圧によって長崎県の浦上（現在の長崎市内の地域）から追い出されるなど、つらく苦しい日々を送っていました。このような状況下で、岩永らはフランス人の神父ド・ロとともに医療活動を行い、病気に苦しむ人々を支えてきました。その後、1873（明治6）年2月にキリシタン禁制が解かれてからは、追い出された人々が徐々に浦上へ戻ってきました。

　岩永らは、天然痘という感染症によって両親を失った乳児のために浦上で家を買って養育したことをきっかけに、孤児の救済活動を開始します。1874（明治7）年8月にはじまったといわれており、孤児を養育する家は小（子）部屋と呼ばれていました。岩永らは以降も孤児救済に尽力し、「小（子）部屋」は浦上養育院へと発展していきます。これが現在も日本で残る最古の児童養護施設だといわれ、長崎市に存在しています。

② 石井十次と岡山孤児院

　石井十次は児童福祉の父と呼ばれています。宮崎県出身の石井は、もともとは医者を志していたのですが、四国巡礼者の子どもを預かったことをきっかけに、岡山県にある三友寺の一角を借りて養育しはじめました。これを孤児教育会というのですが、のちに岡山孤児院と名称を変えます。そして、1906（明治39）年に発生した東北の大凶作による貧しい孤児を救済したため、岡山孤児院は一時期1,200人もの子どもたちを保護・養育していました。

　また、イギリスのバーナード・ホーム（p. 110）にならって家族制度を実施し、今でいう保育士にあたる女性を中心に子ども十数人が一緒に暮らす小さな家（小舎制）を作って、養育にあたりました。その後、宮崎県の茶臼原に子どもたちを移住させましたが、わずか2年後の1914（大正3）年に石井はその生涯を閉じてしまいます。

図4-2　石井十次と岡山孤児院

③ 石井亮一・筆子と滝乃川学園

　1884（明治17）年に石井亮一は立教大学校（現在の立教大学）に入学したのち、キリスト教に入信しました。そして、1891（明治24）年に起きた濃尾地震（岐阜県美濃地方、愛知県尾張地方を中心に起きた大地震）で孤児になった女子が身売りされ、娼婦として働かされるのを見過ごすことができずに、女子たちを引き取ります。そして、養育する施設として弧女学院を創設しました。そのなかに知的障害のある子どもがいたことをきっかけに、亮一は知的障害児に対する教育へと方向転換していきました。アメリカに渡って知的障害児教育について学びを深め、帰国後の1897（明治30）年に滝乃川学園へと名称を変更し、さらに知的障害児への支援に力を入れていくのでした。

　また、1903（明治36）年に亮一と結婚した妻・筆子は、亮一とともに滝乃川学園での支援に力を注ぎました。亮一の死後も運営に携わり、知的障害児への支援を続けました。この滝乃川学園は現在、福祉型障害児入所施設や障害者支援施設などを運営し、障害児者への支援を行っています。

④ 小橋勝之助・実之助と博愛社

　1890（明治23）年、兄の小橋勝之助は、孤児院や非行少年などを保護・教育する施設である感化院を含めた7つの事業構想を抱いて、博愛社を兵庫県赤穂郡矢野村（現在の相生市）に創立しました。10歳年下の弟の実之助もそれらの事業に携わっていました。

　1891（明治24）年に勝之助は、親交のあった石井十次の岡山孤児院から子どもを引き受け、孤児院中心の事業に移行していきます。また、同じ年にあった濃尾地震でも石井十次らとともに孤児救済にあたりました。しかし、1893（明治26）年に勝之助は30歳の若さで亡くなってしまいます。その勝之助のあとを継いだのが、兄弟とは教会仲間であった林歌子でした。

　その後、親戚からの反発もあり、大阪の阿波松之助を頼って松之助の自宅の離れに博愛社を移します。その後も多くの困難を乗り越え、大阪の神津村（現在の大阪市淀川区十三）に移りました。さらに、林歌子の後任として実之助の妻カツエを迎え、現在の児童養護施設博愛社へと発展していくのです。

立教大学校（現・立教大学）に入学した石井亮一は、キリスト教に入信します

1891（明治24）年に起こった濃尾地震では、弧女（女子の孤児）の救済に尽力し

「弧女学院」を創設します

石井十次の岡山孤児院を訪問し、孤児救済の学びを得ていました

また、救済した弧女のなかに知的障害のある子どもがいたことから

知的障害児教育への学びを深めるためにアメリカへ渡りました

日本に戻ってきて、施設名を「滝乃川学園」に変更し

妻・筆子とともに知的障害児への支援に努めるのです。

図4-3　石井亮一・筆子と滝乃川学園

⑤ 留岡幸助と家庭学校

　1864（元治元）年に備中松山藩（現在の岡山県高梁市）で生まれた幸助は、乳児期に留岡家（とめおか）へ養子に出されます。幸助は養父の金助からの理不尽な振る舞いなどもあり、人間は平等であるという思想に惹（ひ）かれ、18歳でキリスト教の洗礼を受けました。そして、1885（明治18）年に同志社神学校（現在の同志社大学）に入学し、神学を学んでいきます。

　その間、遊郭と監獄という社会問題を知りました。その影響から、卒業後の1891（明治24）年には北海道空知の集治監（監獄）の教誨師（きょうかいし）（受刑者が非や罪を悔い改めて、道徳心を養うために話をする人）として赴任しました。そこでは囚人たちの成育歴や犯罪歴を調べ、彼らが罪を犯す原因が家庭の教育や環境にあると考えました。そのため、幸助はアメリカに渡り、監獄問題や感化教育について学びます。

　そして、帰国後の1899（明治32）年、東京の巣鴨に家庭学校を設立しました。家庭学校は私設の感化院（非行少年や孤児を保護・教育・更生する施設）であり、不良行為をする子どもに罰を与えるのではなく、家庭での教育を行うことが必要であるとの考えのもとに実践していました。さらに現在も、「東京家庭学校」という児童養護施設として続いています。

　また、現在の北海道紋別郡遠軽町に、家庭学校の分校を開設しました。留岡幸助が「もともと教育は自然と人間との共同作業である」という自然のなかにおける教育の重要性を考えていたこともあり、この自然環境が豊かな地に設立したのです。それが現在の児童自立支援施設北海道家庭学校となっています。

　このように明治期には、民間の実践者によって子どもの保護・養育が行われていました。その多くが私財をなげうって子どもの救済に取り組んでいたのが大きな特徴だといえます。そして、前述したようにそれらの多くがキリスト教の思想にもとづき、宗教者によってなされていたということも忘れてはなりません。ここで紹介した人物はすべてキリスト教の信者です。

　さらに興味深いのが、石井十次の岡山孤児院から小橋勝之助が孤児を受け入れたり、石井十次の実践から学んだ石井亮一がいたりと、多くの実践者同士が何らかの形でつながっていたことです。歴史をたどることで見えてくるものがあるのです。

北海道の空知にある集治監（監獄）の教誨師となった留岡幸助は

人が罪を犯すのは育ってきた家庭環境に原因があるのだ！

①

日本の監獄問題（劣悪な処置と、更生への対応がされてない問題）の改善や感化教育について学ぶために、アメリカへ渡りました

②

日本に戻った留岡幸助は、東京巣鴨に「家庭学校」を設立しました

③

その後

教育は自然とともに生きることだ！

④

北海道の大自然がある紋別郡遠軽町に家庭学校の分校を設立しました

⑤

これが現在の「北海道家庭学校」になったのだよ！

図4-4　留岡幸助と家庭学校

3 日本の社会的養護の歴史【大正期以降】

　大正期以降、徐々に公的な救済制度が法整備されていきました。

　1911（明治44）年に制定され、1916（大正5）年に施行された工場法は、12歳未満の子どもの労働禁止、15歳未満（1923年の改正で16歳未満）の子どもや女子の深夜労働の禁止、15歳未満の子どもの1日12時間以上の労働の禁止など、子どもに対する労働条件が改善されました。

　1929（昭和4）年には救護法が制定され、恤救規則よりも救済の対象範囲が広がりましたが、まだまだ限定的な救済制度でした。また、孤児院は救護法に定める救護施設に含められることになりました。

　さらに当時、児童虐待や人身売買、貰い子殺し（事情により子どもを育てられない親などの代わりに育てるといって養育費をもらうが、預かったあとに子どもを殺してしまうこと）などが多く発生していました。そのため、1933（昭和8）年に児童虐待防止法が制定され、14歳未満のすべての子どもが対象とされました。同じ年には、少年教護法も制定され、14歳未満の子どもが不良行為を行うなどの場合に少年教護院への入所や少年教護委員による観察などが実施されました。1937（昭和12）年には母子保護法が成立し、貧困の母子に対する扶助が実施され、母子施設への入所も行われていました。

　第二次世界大戦後は、戦争の影響による貧困や孤児などの問題解決のために多くの法制度が整備されました。1946（昭和21）年には日本国憲法が公布（1947（昭和22）年施行）され、その第25条にもとづいて1950（昭和25）年にできた生活保護法（1946（昭和21）年制定の旧生活保護法を改正）では、生活が困窮しているすべての国民が平等に保護を受けられることが定められました。

　また、1947（昭和22）年には、18歳未満のすべての子どもを対象とした福祉の法律として児童福祉法が制定されました。これにより児童相談所や児童福祉施設などが定められました。さらに1948（昭和23）年に制定された児童福祉施設最低基準（現：児童福祉施設の設備及び運営に関する基準）により、児童福祉施設の職員配置や施設の設備に関することなどが定められました。これらを基盤として、以降の社会的養護施策へとつながっていったのです。

表4-1　明治～終戦直後に制定された子どもや福祉に関する主な法制度

公布年	法令名
1874（明治　7）年	恤救規則
1900（明治33）年	感化法
1911（明治44）年	工場法（1916（大正5）年に施行）
1922（大正11）年	少年法、矯正院法
1929（昭和　4）年	救護法
1933（昭和　8）年	児童虐待防止法 少年教護法
1937（昭和12）年	母子保護法
1938（昭和13）年	社会事業法
1946（昭和21）年	旧生活保護法 日本国憲法
1947（昭和22）年	児童福祉法
1948（昭和23）年	児童福祉施設最低基準 民生委員法
1949（昭和24）年	身体障害者福祉法
1950（昭和25）年	生活保護法
1951（昭和26）年	社会福祉事業法
1958（昭和33）年	国民健康保険法
1959（昭和34）年	国民年金法

> 8歳以上16歳未満の不良行為などを行う子どもを感化院に入院させ、教育する法律

> 工場労働者（子どもと女子）を保護する法律。ただし、対象は15人以上の工場のみ

> 18歳未満のすべての子どもを対象にした福祉の基本法！

4 海外の社会的養護の歴史

① イギリスの歴史的変遷

　イギリスで社会的養護に大きく関連している歴史の一つとして、バーナード・ホームがあげられます。ここでは、そのバーナード・ホームを創設したバーナードにも触れて歴史的変遷について述べていきます（図4-5）。

　まず、主要な歴史的制度としては、1601年に制定されたエリザベス救貧法があげられます。それまでのイギリスは封建社会と呼ばれる領主（土地の持ち主）と農奴（領主に支配されている農民）の関係のもと、孤児などは村落共同体と呼ばれる社会での地縁や血縁による相互扶助がなされていました。

　しかし、封建社会が崩壊し、貧民や浮浪者や孤児などが増加してしまいました。そのような状況のなか制定されたエリザベス救貧法は、労働能力の有無を基準にして、貧民を働ける者・働けない者・子どもに分類しました。そして、子どもは職人見習いのために住み込みで働く「徒弟」に出されることが規定されました。これにより、児童の労働搾取などという問題も生じてしまいます。また、キリスト教の教会行政上の単位である教区ごとに救貧税を徴収し、それを働けない者への救済に当てていました。

　その後、ロバート・オーウェンが児童労働の過酷な現状を憂いて、児童の労働条件改善を訴えた影響などもあり、1833年には工場法が制定されました。この工場法では、9歳未満の児童の労働禁止や、18歳未満の児童の労働時間を1日12時間以内にすることなどが定められました。

　民間からは社会事業家のトーマス・ジョン・バーナードによって、1870年に「バーナード・ホーム」という孤児院（現在の児童養護施設）が創設されました。1876年には13棟の小舎からなるビレッジ・ホームを設立し、里親委託も勧めていました。この取り組みを前述した石井十次の岡山孤児院もならったのです。

　そして、1946年に政府はカーティス委員会報告（M.カーティスを委員長とする児童の保護に関する委員会の報告）を出し、施設よりも里親で養護されている子どものほうが幸福であったと結論づけました。これを受けて1948年に児童法が制定され、里親委託の方向性が打ち出されました。

1866年、T.J. バーナードは、シカゴの伝道家ドワイト・ムーディーのスラムにおける児童救済活動の体験談を聞き、日曜学校を開いて子どもたちに読み書きを教えました

そこで出会った貧しい少年から、ほかにも多くの孤児がいることを知らされたバーナードは衝撃を受け

1870年に小さなホーム（施設）をはじめ、貧しい少年を住まわせたのです

その後、40名（のちに60名）の少女たちのホーム（施設）を設けましたが、大人数の少女たちへの支援の難しさを痛感させられました

そのため、1876年に13棟の小舎制のビレッジ・ホームを設立したのです

そして、バーナードは里親へ子どもを預け、12、3歳に成長した子どもを再びホームに戻して職業訓練を行うという形で、里親委託への取り組みにも力を注いでいきました

里親委託

図4-5　トーマス・ジョン・バーナードの取り組み

② アメリカの歴史的変遷

　16世紀後半（1500年代後半）からイギリスによる植民地支配を受けていたアメリカですが、その植民地時代における孤児や貧困家庭の子どもたちに対する保護は、イギリスの救貧法を踏襲したものでした。徒弟制度や院外救済（救貧院で保護されておらず、家で暮らす子どもに対する資金の補助）によって行われていました。

　アメリカで最初の救貧院は1653年にニューヨークで設立され、1700年以降、活発に建てられました。アメリカ初の児童救済施設です。1728年には、ニューオリンズで聖ウルスラ会の修道女たちによるアメリカで最初の孤児院が設立され、1820年にはニューヨーク孤児収容施設協会が設立されました。そして、1850年までには70か所以上の孤児院が建てられました。さらに南北戦争（アメリカの北部と南部の州による戦争）によって多くの孤児が生み出されたため、1880年までに600か所の孤児院が建てられ、1900年には10万人もの子どもたちが生活をしていました。

　1874年にはメアリー・エレン・ウィルソンという少女への虐待が発覚し、メアリーが保護されるという事件が起こりました。事件のあらましはこうです。メアリーは父親を南北戦争で亡くし、母親も失踪してしまったため、年季奉公人（寝場所と食事を得る代わりに数年間賃金をもらわずに働く子どものこと）として引き取られた夫婦のもとで暮らすことになりました。その後、夫婦の夫が亡くなったため、妻は別の男性と再婚したのですが、そこからメアリーに対してひどい虐待がはじまりました。結果、この事件が契機となり1875年にニューヨーク児童虐待防止協会が発足し、児童虐待への取り組みが行われていきます。

　1909年には当時の大統領セオドア・ルーズヴェルトによって「保護の必要な子どものケアに関するホワイトハウス会議（第1回児童福祉白亜館会議)」が開催されました。この会議には200名以上の専門家が参加したといわれています。そして、「家庭生活は、文明の所産のうち最も高い、最も美しいものである。児童に緊急なやむを得ない理由がない限り、家庭生活から引き離されてはならない。」という声明が出されました。つまり家庭尊重の原則を打ち出したのです。それによって1912年連邦政府に児童局が設置され、子どもの暮らしや子どもの福祉に関する調査・報告が実施されました。

メアリー・エレン・ウィルソンの父親は南北戦争で亡くなりました。そのとき、メアリーはまだ母親のおなかの中にいました

そして、メアリーが誕生しました

ある日、母親はベビーシッターのような形でメアリーの世話をしてもらっていた女性にメアリーを預けたまま失踪してしまいました

女性は慈善団体にメアリーを預けました。その後、一組の夫婦がメアリーを引き取りましたが、間もなく夫が亡くなってしまいます

そして、妻が別の男性と再婚したあと、メアリーに対する虐待が始まりました

この虐待が発覚してメアリーが救出されたことをきっかけに、ニューヨーク児童虐待防止協会が設立されました

**図4-6　メアリー・エレン・ウィルソン事件と
ニューヨーク児童虐待防止協会**

◉ **参考文献**

半田香代「バーナードホームズ―上　十九世紀後半の英国の社会福祉」『月刊福祉』第 67 巻
　　12 月号、全国社会福祉協議会、1984 年、pp. 180-182

ジョン・E・B・マイヤーズ著、庄司順一・澁谷昌史・伊藤嘉余子（訳）『アメリカの子ども保護
　　の歴史――虐待防止のための改革と提言』明石書店、2011 年

J. S. ヘイウッド著、内田守（訳）『イギリス児童福祉発達史』ミネルヴァ書房、1971 年

室田保夫編著『人物でよむ近代日本社会福祉のあゆみ』ミネルヴァ書房、2006 年

直島正樹・原田旬哉編著『図解で学ぶ保育　社会福祉』萌文書林、2015 年

野本三吉『社会福祉事業の歴史』明石書店、1998 年

杉山博昭・山田幸子・澤宜夫「九州におけるカトリック児童養護施設の歴史的展開」『純心人文
　　研究』第 12 号、長崎純心大学、2006 年、pp. 57-69

社会福祉士養成講座編集委員会（編集）『児童や家庭に対する支援と児童・家庭福祉制度［第 3
　　版］』中央法規出版、2012 年

徳岡博巳編著『社会的養護――社会的養護の理論と実際』あいり出版、2012 年

渡里洋亮『博愛社が来た道』博愛社、2010 年

山縣文治編『よくわかる子ども家庭福祉［第 9 版］』ミネルヴァ書房、2014 年

オススメ！

● **人物でよむ近代日本社会福祉のあゆみ**

室田保夫／編著　ミネルヴァ書房

明治期以降の日本社会福祉に貢献・尽力した人物 30 名を紹介。人物ごとにどのようなことがなされたのかが書かれているため、通常の教科書より詳細に人物について理解できます。

● **石井のおとうさんありがとう―石井十次の生涯―**

和田昇／著　総和社

児童養護の基礎といわれる岡山孤児院を創設した石井十次の生涯が描かれています。現代ぷろだくしょん製作の映画もあります。

● **筆子・その愛―天使のピアノ―〈映画〉**

山田火砂子／監督　現代ぷろだくしょん／製作

滝乃川学園といえば、石井亮一とともに運営に尽力した妻の筆子を忘れてはいけません。その筆子の活躍を描いた作品です。

支援の実際
施設職員として就職

5

田之山ふみ物語　第5話

　ふみは4月から児童養護施設「未来の家」で施設保育士として働きはじめました。そして、先輩職員で児童指導員の福田俊平とともに小学1年生から3年生男児の担当となりました。最初は、自分が育った施設との違いにとまどいも感じましたが、先輩からいろいろと仕事を教えてもらい、子どもと向き合いながら徐々に仕事にも慣れていきました。

　担当の子どもたちのなかには、虐待を受けた経験からプレイセラピー（遊戯療法）という心理療法を受ける子どもや、食物アレルギーをもつ子どもがいました。ふみは「そういえば、もえちゃんはよくセラピーに行ってきたって言ってたし、学君は卵アレルギーをもってるから調理場のお姉さんに卵を取り除いてもらっていたなぁ」と施設に入所していた時代の友達のことを思い出しました。

　自分が施設にいたころは、いろいろな職員がいる程度の認識でしたが、実際に自分が子どもの担当となってみると、調理師や栄養士、心理療法担当職員など専門職との連携の必要性を実感しました。

　また、面会や外泊（一時帰宅）、家庭復帰などの調整には、児童相談所など関係機関の専門職との連携が重要であることを知りました。

　さらに、施設保育士はただ毎日、子どもとかかわり育てているだけでは

なく、さまざまな目的をもって子どもへの支援が行われていることを学びました。

心理療法
担当職員

学びのポイント

　保育士が子どもや家族への支援を行う際に単独で行うと限界があるため、さまざまな専門職が連携しています。ここでは施設や機関にどうような専門職が配置されているのか、また施設での支援はどのような目的をもって、実践されているのか学んでいきます。

1. 施設にいる専門職について知ろう！

2. 各機関にはどのような専門職がいるのだろう。

3. 施設養護における支援の内容を学ぼう！

1 社会的養護に携わる人々

① 措置を基本とする施設の職員

　乳児院など第2章で触れた施設に欠かせない職種は二つあります。一つは保育士で、児童福祉の基盤になる職種のため、ほとんどの児童福祉施設に配置されています。

　掃除や洗濯、宿題、連絡帳の記入、相談など、子どもの生活にかかわる支援を行います。時には授業参観などの学校行事にも参加し、保護者としての対応をします。保育士は言わば施設の中心となる職種であり、子どもたちの生活にかかわり、自立を支援します。

　もう一つの職種は児童指導員です。保育士と同じく子どもの生活全般にかかわって支援を行い、保護者の対応や関係機関との調整なども行います。幅広い業務を担当するので保育士と同様、重要な役割を担います。

　その他の職員として、個別対応職員は個別のかかわりを必要とする子どもの対応や保護者への支援を行います。心理療法担当職員は、虐待などによって心が傷つき、トラウマを抱えていたりするなど心のケアを必要とする子どもに対し、心理療法（プレイセラピーやカウンセリングなど）を実施することで、心理的な困難を改善したり、人間関係の修正等を行ったりして子どもへの心理的な支援をしています。

　児童自立支援施設特有の職種は二つあります。一つ目の児童自立支援専門員は、子どもの生活支援や自立支援、家族関係の調整、アフターケアなどを行い、社会生活が送れるように支えています。

　二つ目の児童生活支援員は、主に子どもの生活支援を通じて児童自立支援専門員と連携し、子どもたちが自立できるように支援を行っています。保育士資格をもって児童自立支援施設の職員として働くことで、児童生活支援員となることができます。

　乳児院は、乳児が入所するという性格上、看護師が配置されます。児童養護施設は、乳児が入所している場合に看護師を置かなければなりません。

　施設によっては家庭支援専門相談員と里親支援専門相談員が配置されています。この二つの職種については第6・7章で詳しく説明します。

乳児院: 看護師　保育士　児童指導員（看護師に代わって配置できる）　個別対応職員　家庭支援専門相談員　里親支援専門相談員（里親支援を行う場合に配置できる）　心理療法担当職員

児童養護施設: 保育士　児童指導員　個別対応職員　家庭支援専門相談員　看護師（乳児（1歳未満）が入所している場合に配置）　里親支援専門相談員　心理療法担当職員

児童自立支援施設: 児童自立支援専門員　児童生活支援員　個別対応職員　家庭支援専門相談員　心理療法担当職員（心理療法が必要な子ども（保護者含む）が10人以上いる場合に配置）

児童心理治療施設: 保育士　児童指導員　個別対応職員　家庭支援専門相談員　心理療法担当職員　看護師　医師（精神科または小児科）

専門職になるには		
児童指導員	❶大学（院）で福祉・社会・教育・心理学部（学科）を卒業　❷小・中・高のいずれかの教員免許を取得　❸児童福祉施設の職員養成校を卒業　❹高卒以上で児童福祉事業で2年間の経験など　※いずれかに該当すればOK	
家庭支援専門相談員	❶社会的養護関係施設等で5年以上の経験　❷社会福祉士または精神保健福祉士　❸児童福祉司（任用要件）　※いずれかに該当すればOK	
里親支援専門相談員	❶児童養護施設等（里親含む）で5年以上の経験　❷社会福祉士または精神保健福祉士　❸児童福祉司（任用要件）　※いずれかに該当すればOK	
個別対応職員	社会的養護関係施設などの職員経験歴から豊富な知識と経験が必要	
心理療法担当職員	大学・大学院で心理学を専門に学ぶ学部・学科等を卒業する　※ただし、児童自立支援施設と児童心理治療施設は、上記に加えて1年以上の実務経験が必要	
児童自立支援専門員	❶社会福祉士　❷児童自立支援専門員養成学校を卒業　❸大学で福祉・社会・教育・心理学部（学科）を卒業し、1年以上の児童自立支援事業の経験と2年以上の社会福祉施設職員歴等の経験　❹小・中・高のいずれかの教員免許を取得して1年以上の児童自立支援事業の経験と2年以上の教員歴など　※いずれかに該当すればOK	
児童生活支援員	❶保育士　❷社会福祉士　❸児童自立支援事業で3年以上の経験　※いずれかに該当すればOK	

図5-1　措置を基本とする施設の主な専門職

出典：筆者作成

② 利用・契約を基本とする施設の職員

　第3章で触れた利用・契約を基本とする施設でも、子どもが利用しているため、基盤となる職種は保育士です。

　母子生活支援施設の場合、保育士資格をもって就職することで、母子支援員になることができます。母子支援員は自立支援や就職支援、育児相談、関係機関との調整等を行います。ほかには子どもの日常生活にかかわり、学習や生活習慣が身につくように支援を行う少年を指導する職員がいます。DV等を理由に入所する母子を支援するため、心理療法担当職員や個別対応職員を配置する場合もあります。

　理学療法士（PT）や作業療法士（OT）は、医療型障害児入所施設や児童発達支援センターに配置されています。理学療法士は筋肉や関節を動かす運動療法や、マッサージや電気をあてるなどの物理療法を行い、運動機能の維持や改善を行います。作業療法士は手芸などの作業活動を通じて、食事やトイレなどの応用的動作能力や就労や就学など社会的適応能力の回復・維持を図ります。

　医療行為を伴う医療型障害児入所施設や児童発達支援センターには、医師と看護師を配置しなければなりません。福祉型障害児入所施設にも、条件によっては配置されます（図5-2参照）。

　虐待等の影響により心理指導が必要な子どもが入所している福祉型障害児入所施設には、心理指導担当職員を配置しなければなりません。医療型障害児入所施設には重症心身障害児が入所していれば配置できます。

　言語障害や音声障害、嚥下障害（うまく噛めない、飲み込めない）がある人にリハビリテーションや言語訓練を行う難聴児を通わせる児童発達支援センターには、言語聴覚士（ST）を配置しなければなりません。

　児童家庭支援センターでは、相談・支援を担当する職員として社会福祉士などが地域の子どもの福祉に関する相談を受け、助言や指導、関係機関との連携・連絡調整を行います。また子どもや保護者に対して、心理的側面からの支援を行う心理療法等を担当する職員が配置されます。

　自立援助ホームには指導員と管理者が置かれ、児童指導員や保育士が指導員になれます。管理者は指導員が兼ねることもできます。心理担当職員も置かれ、指導員と連携のもと心理面から自立支援、就職支援を行います。

福祉型	障害児入所施設	保育士　児童指導員	心理指導担当職員　心理指導を行う必要がある子どもが5人以上入所している場合に配置しなければならない	看護師　医師　自閉症児または肢体不自由児が入所している場合に配置しなければならない

福祉型　障害児入所施設

保育士　児童指導員　心理指導担当職員　心理指導を行う必要がある子どもが5人以上入所している場合に配置しなければならない
看護師　医師　自閉症児または肢体不自由児が入所している場合に配置しなければならない

医療型　障害児入所施設

保育士　児童指導員　看護師　医師
心理指導担当職員　重症心身障害児を入所させている場合に配置しなければならない

理学療法士　作業療法士　肢体不自由児または重症心身障害児が入所している、治療行為（リハビリテーション）が伴う場合に配置しなければならない。理学療法士か作業療法士どちらかの配置でもOK

児童発達支援センター

保育士　児童指導員　言語聴覚士　難聴児を通わせる場合に配置しなければならない
 医師　治療行為（リハビリテーション）が伴う場合に配置しなければならない
看護師　重症心身障害児を通わせている、または行為を伴う場合に配置しなければならない

母子生活支援施設

母子支援員　少年を指導する職員　心理療法担当職員　心理療法を行う必要がある母子が10人以上入所している場合に配置しなければならない
 個別対応職員　DV等により個別に特別な支援が必要な場合に配置しなければならない

児童家庭支援センター

相談・支援を担当する職員　心理療法等を担当する職員

自立援助ホーム

指導員　心理担当職員

専門職になるには		
理学療法士 **国家資格**		理学療法士養成校（大学や短大、専門学校等）を卒業後、受験資格を取得して理学療法士国家試験に合格する
作業療法士 **国家資格**		作業療法士養成校（大学や短大、専門学校）を卒業後、受験資格を取得して作業療法士国家試験に合格する
言語聴覚士 **国家資格**		言語聴覚士養成校（大学や短大、専門学校）を卒業後、受験資格を取得して言語聴覚士国家試験に合格する
母子支援員		❶保育士または社会福祉士または精神保健福祉士　❷児童養護施設など児童福祉事業で2年間の経験　※❶、❷どちらかに該当すればOK
少年を指導する職員		とくに規定はないが、児童指導員の要件（図5-1参照）を満たしているとよい
相談・支援を担当する職員		児童福祉司の要件（図5-3の児童福祉司の❶～❸）に該当すればOK
指導員		❶児童指導員の要件（図5-1参照）　❷保育士　❸高齢者や障害分野など社会福祉事業で2年以上の経験　※❶～❸に該当すればOK
心理指導担当職員 心理療法等を担当する職員 心理担当職員		図5-1の心理療法担当職員を参照

図5-2　利用・契約を基本とする施設の主な専門職

出典：筆者作成

③ 公的機関の職員

　児童相談所の代表的な職種は、子どもや保護者からの相談に応じて必要な指導を行う児童福祉司と、子どもや保護者の相談に応じて心理判定や心理療法を行う児童心理司です。そのほかに児童相談所の責任者であり、施設への入所や一時保護などを最終的に判断する所長や、児童福祉司の能力の向上を目的として教育や指導にあたる指導および教育を行う児童福祉司（スーパーバイザー）、診察や医学的検査等を行う医師がいます。また、法律の専門的な知識を生かして法的対応を行う弁護士を配置することができます。

　福祉事務所（家庭児童相談室）には、子ども家庭福祉に関する相談のうち訪問指導や法的な措置を必要とするケースに対応する家庭児童福祉主事がいます。そのほかに子どもの福祉に関する相談に対応し、指導を行う家庭相談員が配置されています。

　保健所や市区町村の保健センターに配置されている保健師は、子どもの福祉に関する領域では、子どもや妊産婦の保健について正しい知識の普及や育児指導、保健指導、健康相談、未熟児に対する訪問指導、障害のある子どもへの指導、各種健康診査など幅広い業務を担当しています。

　保健師や家庭相談員、保育士、民生委員らは、連携して乳児のいる家庭をすべて訪問する乳児家庭全戸訪問事業（こんにちは赤ちゃん事業）を行い、地域の子育てを支援しています。

　女性相談支援センターには、性的な被害や家庭状況、地域社会との関係性などさまざまな事情によって日常生活や社会生活を送るうえで困難な問題を抱える女性の相談に応じる職員が配置されています。また、都道府県には、困難な問題を抱える女性の早期発見に努め、相談に応じて必要な援助を行う女性相談支援員が配置されています。以前は婦人相談所にも配置されていた婦人相談員がいましたが、「困難な問題を抱える女性への支援に関する法律」の制定に伴って変わりました。

　家庭裁判所には家庭裁判所調査官が配置されています。専門知識を活用し、調査や援助を行っています。家庭裁判所は養子縁組の許可や親権停止・喪失、保護者が同意しない場合の入所措置などを行います。これらのことに関して、家庭裁判所調査官は審判に必要な調査や面接などを行うため、児童相談所との連携が重要になります。

公的機関名	職種	なるには
児童相談所	児童福祉司	❶大学で心理学や教育学、社会学を専門に学んで卒業し、1年以上、福祉に関する相談業務に携わる ❷社会福祉士または医師の資格をもつ ❸社会福祉主事として2年以上、児童福祉事業に携わるなど ❹こども家庭ソーシャルワーカー ※いずれかに該当していること ※地方公務員試験に合格が必要
	児童心理司	❶大学で心理学を専門に学ぶ学部・学科等を卒業する ❷医師 ※いずれかに該当していること ※地方公務員試験に合格が必要
	指導および教育を行う児童福祉司（スーパーバイザー）	児童福祉司としておおむね5年以上勤務する
	弁護士 国家資格	法科大学院（弁護士、検察官、裁判官の養成に特化した専門職大学院）を卒業、または司法試験予備試験に合格し、司法試験に合格する
福祉事務所（家庭児童相談室）	家庭児童福祉主事	上記の児童福祉司の要件に当てはまり、地方公務員試験に合格して福祉事務所（家庭児童相談室）に配属
	家庭相談員	❶大学で児童福祉、社会福祉、児童学、社会学、心理学、教育学のいずれかを修める ❷医師の資格をもっている ❸社会福祉主事として2年以上、児童福祉事業に携わる ※❶〜❸のどれか一つに当てはまり、地方公務員試験に合格して福祉事務所（家庭児童相談室）に配属。非常勤が多い
保健所（保健センター）	保健師 国家資格	保健師国家試験と看護師国家試験両方に合格する
女性相談支援センター	相談をつかさどる職員	社会福祉主事
	女性相談支援員	とくに資格はないが、必要な能力や専門的知識がある者
家庭裁判所	家庭裁判所調査官	●国家公務員 ●裁判所職員採用総合職試験を合格し、家庭裁判所調査官補として採用されたのち、裁判所職員総合研修所において2年間の研修を受ける

図5−3　公的機関における主な専門職　　出典：筆者作成

2 施設養護の支援内容

① 施設入所に伴う支援と日常生活支援

施設への入所に不安を感じている子どもは少なくありません。そのため、施設入所に伴う支援としてアドミッションケアを実施することが重要です。

児童相談所からの書類を確認して子どもの状況を把握し、子どもが施設で安心して生活できるように事前面談や子どもの権利ノートの活用、施設内の環境整備などを行い、自立支援計画（子どもに関する理解を共有し、連携して支援を行っていくための計画）を作成します。このようにして子どもを迎え入れるのです。

また、家庭的な環境のもとで規則正しい生活を送ることは、子どもの健全な発育を促します。そのため、「朝には起きて、日中は活動し、夜には眠る」「朝昼夕の三度の食事をとる」といった基本的生活習慣を身につけるために、多くの施設では子どもの発達に応じた時間ごとの日課を定めています。このように日常の生活を通して支援を行うことを日常生活支援（インケア）といいます。

ほかにも日常生活支援には衣食住の支援や学習支援などがあり、子どもが健全に成長できるように支援を行っています。

② 治療的支援

施設の子どもたちの半数以上が被虐待児であることから、治療的なアプローチが必要なケースも多く、心理療法担当職員による心理療法を受けることがあります。

また直接支援職員（保育士、児童指導員など）による日々のかかわりも重要です。日々のかかわりで子どもを受容し、共感し、寄り添うことで子どもは大切にされていると実感します。その実感が大人への信頼を回復させ、自尊心を養い、対人関係などの社会性を育んでいきます。

これらのような支援内容を治療的支援と呼んでいます。

プレイセラピー（遊戯療法）

子どもは言葉によって自分の気持ちや考えを表現するのが難しい場合があります。また、虐待のような深刻な体験と直接向き合うことは子どもにとっても負担がかかります。年齢が幼い子どもにとってはなおさらのこと、遊戯療法ではおもちゃなどを使い、「遊び」という方法を通じて子どもの抱えるトラウマや葛藤などを間接的に表現できるようにし、心のケアを行っていきます。

カウンセリング

「言葉でのやり取り」を通じて相談することによって、虐待などで負った心の傷や葛藤、対人関係における課題などに対して、言語的に心のケアを行う方法です。

図5-4　児童養護施設における心理療法

③ 自立支援

　1997（平成9）年の改正児童福祉法で、児童養護施設のような保護を必要とする子どもの施策については、それまでの「保護」から「自立」へと方向性が変わりました。これによって自立支援という観点が社会的養護の原則となり、施設の目的となりました。

　施設に入所している子どもに自立できる力をもってもらうために、入所が決まったときから自立に向けての支援をはじめます。たとえば、安心・安全な場を用意する、自立支援計画を作成する、大人との良好な関係のもとに自尊心や社会性を育む、子どもに大人のモデルを示す、進学などで措置延長をする、学生支援機構（奨学金）や返済不要の給付型奨学金制度の情報を伝えるなど、さまざまなことが自立支援となります。日常生活支援や治療的支援も、この自立支援につながっているといえます。

　とくに退所後の生活に向けた支援であるリービングケアは、自立支援の総仕上げとなります。今までの育ちを振りかえり、生い立ちの整理を行うライフストーリーワークなどを活用しながら、退所後の新しい生活に向けて技術的（料理や洗濯など）、環境的（自立訓練室での一人暮らし体験など）、精神的（退所後の心構えなど）な支援を行います。

④ 退所後の支援

　退所後に行う支援をアフターケアといいます。施設でさまざまな支援を受けて退所しても、退所後の生活がかならずしもうまくいくとは限りません。退所後の新しい生活環境は、施設での生活環境とは大きく違い、子どもにとっては大きな不安を抱え、退所先の家庭や就職先などで問題が起こり、うまくいかなくなることもあります。

　そのような子どもを支援するためにも、アフターケアが重要です。退所後も家庭や一人暮らし先への訪問等を行って状況を把握し、相談や支援を行うことは大切です。また場合によっては関係機関と連携し、支援を行う必要もあります。そして何よりも、施設が子どもにとっての実家的な場所になることが大切です。そのためには、施設は子どもが訪問しやすい関係を保ち、継続的に支援できる体制を確立しておくことが必要です。

自立支援計画を作成

入所

自立支援

大人（親）が身のまわりの環境を整えることや挨拶をするというモデルを示す

おかえり！

退所後

アフターケア

職員が退所した子どもの家庭訪問

仕事や友達関係はどう？
食事は大丈夫？

はい…

お久しぶりです！

○○施設

施設が子どもにとって安心安全な基地となるような、実家的役割をもつことが大切！

図5-6　入所から退所後までの連続した支援

◆ 参考文献

千葉茂明編『新・エッセンシャル 児童・家庭福祉論［第3版］』みらい、2016年
厚生労働省 HP「児童自立生活援助事業（自立援助ホーム）の実施について」2016年10月
　15日
厚生労働省 HP「児童家庭支援センターの設置運営等についての一部改正」2016年10月5
　日
直島正樹・原田旬哉編著『図解で学ぶ保育　社会福祉』萌文書林、2015年
大阪府社会福祉協議会児童施設部会・援助指針策定委員会『児童福祉施設援助指針』大阪府社会
　福祉協議会児童施設部会、2012年
裁判所 HP「家庭裁判所調査官」2016年10月16日
櫻井奈津子編『保育と児童家庭福祉論［第2版］』みらい、2016年
山縣文治『子ども家庭福祉論』ミネルヴァ書房、2016年

オススメ！

● きみとうたった愛のうた──児童養護施設でくらしたあの頃に

りさり／著　新書館

　著者は児童養護施設で育った社会的養護当事者であり、その経験を基に描いたマンガです。児童養護施設の生活を知るには最適な一冊。

● うちは、一人じゃない〜虐待の傷　再生への500日〜〈貸出DVD〉

福井徹／制作統括　NHK 厚生文化事業団福祉ビデオライブラリー　2010年

　長崎県にある情緒障害児短期治療施設（当時）に500日間、密着取材したドキュメンタリー。虐待の影響から愛着障害をもつ子どもが職員とのかかわりを通じて愛着障害を乗り越え、信頼関係を築き、自立していく姿が描かれています。

● 走れ！ 児童相談所──発達障害、児童虐待、非行と向き合う、新人所員の成長物語

安藤理／著　メディアイランド

　現役の児童福祉司による、児童相談所職員の仕事内容と、新米児童福祉司の成長を物語風に綴った一冊です。

ソーシャルワークと
家庭支援
専門職としてキャリアを積む

6

田之山ふみ物語　第6話

　気がつけば、ふみは未来の家での仕事も長くなり、先輩よりも後輩が大半を占めるようになりました。それと同時に、教えてもらうことより教えることのほうが多くなっていました。

　ふみの子どもへのかかわりは誠実で、子ども一人一人に丁寧に向き合う姿勢は保護者から信頼され、さまざまな相談が寄せられるようになりました。

　このように仕事において充実した毎日を過ごしていたふみですが、プライベートでも大学時代の先輩で交際中の吉永隆三から、29歳の誕生日にプロポーズされました。隆三は一般企業に勤務するサラリーマンですが、ふみの良き相談相手で、いつも励ましてくれる存在でした。突然のプロポーズにふみは驚きましたが、自分の一番の理解者で、結婚後も仕事を続けることを応援するとのことだったので、結婚を決心しました。

　結婚後のある日、体調に異変を感じたため検査をしたところ、妊娠していることがわかりました。ふみは出産近くまで勤務してから、産休を取得しました。そして、31歳で男の子を出産し、望と名づけました。その後、望が1歳になるまで育児休業を取得し、32歳で職場に復帰しました。

　復帰早々、施設長から今までの経験や仕事と向き合う姿勢、子どもや保護者からの信頼の厚さを高く評価してもらい、家庭支援専門相談員（ファミリーソーシャルワーカー）に任命されました。

ふみは育児と仕事の両立に大変さ
を感じましたが、丁寧な仕事ぶりは
変わらず、入所している子どもと保
護者の意向を尊重しつつも、児童相
談所などの関係機関とも密に連携し、
「子どもの最善の利益」を保障する
ために一生懸命取り組みました。

　一方、施設に入所している子ども
は、児童虐待など不適切な養育環境
に置かれていた割合も高く、思うよ
うに支援が進まないことも多々あり、落ち込むときもありました。しかし、
ふみも施設入所中に母と会えずにつらかったことを思い出し、少しでも子
どものためにがんばろうと奮起し、どのようなファミリーソーシャルワー
クをしていくことが子どもの最善の利益なのかを考え、試行錯誤を重ねな
がら支援を展開していきました。

学びのポイント

　保育士は子どもへの支援だけでなく、親子関係の再構築をめざし、保
護者への対応をしなければなりません。また、そのためには外部の関係
機関（行政機関や教育機関、医療機関など）や、地域との連携も必要です。
本章では以下のような点について学んでいきます。

1. 施設養護におけるソーシャルワークがどの
　　ように行われているのかを知ろう！

2.「親子関係再構築支援」について理解しよう！

3. ライフストーリーワークとは何？

1 ファミリーソーシャルワーク

　児童養護施設や乳児院の主な機能として、子どもたちの衣食住などの基本的生活の保障と、施設に入所するまでの間に不適切な養育環境で受けた心身のダメージの回復、家族と再び一緒に暮らすことができるための家庭支援、将来的な自立に向けた支援といったものがあります。

　これらはケアワークやソーシャルワークと呼ばれ、施設にはこの両方の機能が求められています。

　社会的養護において、親子分離をするだけでは十分とはいえず、これで終結したわけではありません。親子分離が必要と判断され、受け入れ先となった施設や里親の支援は、ここをスタート地点として、再び家族と一緒に暮らせる可能性を模索することです。それを中心に取り組むことをファミリーソーシャルワークといいます。

　親子分離に至るケースでは、家庭との積極的な関係調整が不可欠です。施設に家庭支援専門相談員（ファミリーソーシャルワーカー）という専門の職員を配置し、児童相談所などと連携して、保護者に対して相談や家庭訪問などの支援を行います。親子関係を修復して、再び一緒に暮らせるように「親子関係再構築」をめざすのです。これは社会的養護において、とても重要なソーシャルワークです。

　親子関係再構築の支援は、子どもとその家族から話を聞き、一緒に暮らすことを阻んでいる問題を明確にしていくことからはじまります。そして、問題を解決するために専門的な機関へ適切につないでいくこと、あるいは問題が重複していることも多いため、一つ一つの問題を解決していくことで、再び家族とともに暮らすことが実現できるのです。

図6-1 ファミリーソーシャルワークのイメージ

① 家庭支援専門相談員（ファミリーソーシャルワーカー：FSW）

家庭支援専門相談員（ファミリーソーシャルワーカー）は、1999（平成11）年度から乳児院に配置されたことをはじまりとして、2004（平成16）年度から児童養護施設や児童心理治療施設、児童自立支援施設にも配置されるようになりました。

社会的養護の施設に入所している子どもの家庭背景は複雑な場合も多く、家族の不和や離婚、拘禁や虐待など、家族関係に多くの課題を抱えている状況にあります。近年は、不適切な養育環境のもとで暮らしていたり、虐待を受けたりした子どもが多く入所しています。

虐待をする親は、「ひどいことをする最低の親」と想像されることもあります。しかし、実はさまざまな問題を抱えていることも多く、過度のストレスから心身ともに余裕がなくなり、子どもの些細な行動にいらだったり、ストレス発散のために子どもに暴力を振るったりしてしまうことがエスカレートした結果、虐待となるケースが多くあります。

これらの状況から見えてくるものは、問題が起こった場合、単に親子を分離して施設入所とする対応は対症療法的な支援にすぎず、根本的な解決には至らないということです。

家庭支援専門相談員は、入所前から退所後までの子どもの生活保障と、保護者を包括的に支援する機能を担います。

支援の流れとしては、毎年度ごとに支援対象者をリストアップし、①家庭復帰の可能性のあるケース、②家族との調整が必要なケース、③課題を解決しなければならないケースといった分類を行います。その後、個々に合った自立支援計画を策定し、必要に応じてサポートネットワークを構成して支援を行います。

具体的な動きとしては、入所している子どもの保護者や関係する人を対象に、児童相談所等の関係機関とも連携して、面接や通信（電話や手紙）などで状況の把握をしたうえで、家庭復帰の可否や里親への委託の要否など多角的な視点から検討します。その際、家庭復帰の可能性がある場合、子どもの最善の利益を保障するという視点から早期に調整を行い、社会的養護の利用を最低限にすることも重要です。

入所する予定の子どもと、保護者の施設見学の案内、施設生活の説明

児童相談所や学校など関係機関との連絡調整

家族再統合のための保護者に対する相談支援、家庭訪問

施設を退所した子どもと家族に対する相談支援

地域の子育て家庭に対する育児不安解消のための相談支援

たくさんの仕事がありますが、子どもや家族が喜ぶ姿を見たら、がんばろうと元気が出ます！

図6−2　ファミリーソーシャルワーカー（FSW）の主な仕事

② 親子関係再構築支援

　家族や家庭は、人が生活を営むうえで大切なものです。とくに子どもにとっては、成長の基礎となります。

　私たちは普段、あまり家族や家庭を意識しないのではないでしょうか。これは家族や家庭が当然の存在になっているからです。一方、社会的養護で暮らす子どもの多くは、「いつになったら家に帰れるのだろうか」「お母さんやお父さんに会いたい」など、家族や家庭を日々思いながら暮らしています。

　深刻な虐待ケースでは、関係機関などには「親と離れて暮らすほうが幸せ」と親子分離を主張する人もいますが、多くの子どもはどのような深刻な状況でも親と一緒に暮らすことを望む場合が多いのです。また、児童の権利に関する条約（子どもの権利条約）でも「親子の不分離」の規定があり、養育環境として適切なところは家庭だと言っています。

　このように、子どもが家で親と一緒に暮らすことは当然かつ最善の選択なのですが、劣悪な養育環境や虐待を放置することは、子どもの成長が阻害されたり、生命の危機にさらされる危険もあります。このような場合、子どもの安全確保が最優先となり、親子分離も選択肢として検討されます。

　親子分離の場合の留意点は、親子を分離させることに注力してしまい、結果として関係機関と親との関係が悪くなってしまうことです。また、社会的養護の使命は、親子が一緒に暮らせるように支援することであり、これについては児童福祉法 48 条の 3 にも明確に規定されています。

　しかし、実際には再び一緒に暮らすことの支援は難しいものです。なぜなら、親子分離が検討された時点で問題は相当深刻な事態になっているからです。そのため、これらを慎重かつ可及的速やかに行わなければなりません。拙速な家族調整は問題の再発リスクも高くなり、再び社会的養護へと戻る可能性もあります。

　その反面、慎重になりすぎると、家庭に帰れる機会を逸してしまうことにもつながります。親子関係再構築支援は、子どものその後の人生にも大きく関係してくるため、状況やタイミングなど、とても難しい問題をクリアしなければならないのです。

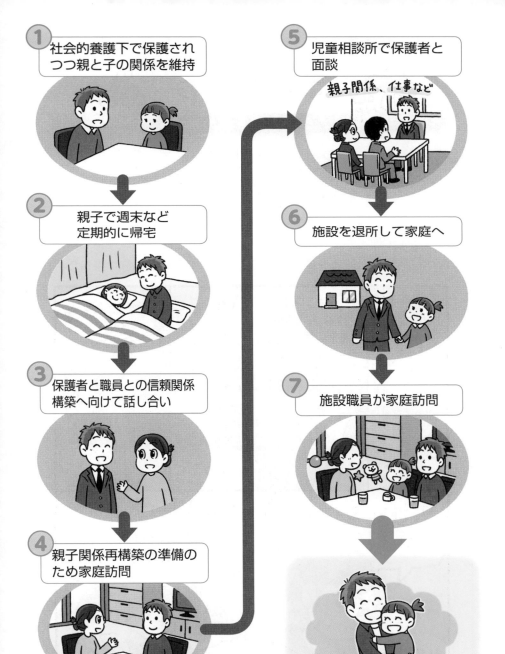

① 社会的養護下で保護され
つつ親と子の関係を維持

② 親子で週末など
定期的に帰宅

③ 保護者と職員との信頼関係
構築へ向けて話し合い

④ 親子関係再構築の準備の
ため家庭訪問

⑤ 児童相談所で保護者と
面談

親子関係、仕事など

⑥ 施設を退所して家庭へ

⑦ 施設職員が家庭訪問

図6-3　親子関係再構築支援の手順

Step Up

ファミリーソーシャルワークにおけるケーススタディ

■家庭支援専門相談員（ファミリーソーシャルワーカー）ふみの回想■

　ファミリーソーシャルワーカーになり、半年が過ぎたころから小学4年生の理絵のケースが気になっています。ある日、児童相談所のケースワーカーと一緒に理絵の母親を訪ねることになりました。

　ファミリーソーシャルワークを実際に行ううえで大切なことは、ソーシャルワークの手法に加えて、保護者との信頼関係（ラポール）の形成です。時間をかけて少しずつ関係を築いていくことが、結果として親子の絆を取り戻す近道であることも多いのです。

2 ライフストーリーワーク

　みなさんは自分の名前の由来や生まれたときの様子などを、ふと知りたくなり、保護者に聞いたことはありませんか。

　社会的養護のもとで暮らす子どもも自分自身のことが知りたいという思いはあります。とくに乳幼児のころから暮らしていると、「なぜ親と一緒に暮らせないのか」「どこで生まれたのか」「親は誰なのか」「どのように育てられたのか」といった疑問を抱くことがあります。

　施設などで暮らす子どもには、保護者の面会や家族の記憶がなく、保護者と離れて暮らしている理由も聞かされていないといった場合もあります。「自分が悪いことをしたから」と否定的な想像をしている子どももいます。このような生い立ちが子どもの生きる力を低下させ、無気力な生活や非行、問題行動などにつながっている場合もあります。「自分は何者なのか（過去）」「どうして施設にいるのか（現在）」「これからどうなるのだろう（未来）」という疑問や漠然とした不安をもつことがあります。これらを解消していく支援も社会的養護では重要な役割になります。

　近年注目されている手法に、ライフストーリーワークがあります。これは出自などの真実を伝えていく支援です。自分と関係が深く信頼関係のある大人が子どもと一緒に出自に向き合い、整理していきます。

　しかし、子どもたちのライフストーリーは過酷なことも多く、つらい過去と向き合わなければなりません。時として、知りたくないことを知ることもあります。それでも、子どもには自分のことを知る権利があり、それを保障していかなければなりません。当然、それにあたる支援者の負荷が大きくなります。出自を整理していく途中で湧き上がる疑問などに対し、丁寧に応えていく作業は非常にデリケートな問題でもあります。

　また、この手法によって子ども自身が過去の事実を知り、納得することで、現在を見つめ、そして未来へ向かって生きていくことができます。したがってライフストーリーワークとは、過去と現在と未来を結びつけるための作業であるといえます。

図6-4　ライフストーリーワーク

私と社会的養護

　私は 23 年間、児童養護施設職員として多くの子どもたちと生活を
ともにしてきました。子どもたち一人一人の成長を日々感じながら、子
どもが再び家族と一緒に暮らすための家庭復帰の支援や、社会に巣立つ
ための自立を支援してきました。

　施設を退職し、転職したばかりのある日、15 年以上前に施設を退所
して 30 歳になった武司くん（仮名）から突然の電話がありました。

　「先生、おひさしぶりです。お元気ですか。実は今度結婚式をあげるこ
とになりました。親の代わりに出席してもらえませんか」

　結婚式の招待の電話でした。私は驚きつつも、二つ返事で出席するこ
とを伝えました。そして、しばらく施設を退所したあとの話を聞きまし
た。退所した数年後に父親が亡くなってしまい、きょうだいを支えるた
めに必死で働いたと話してくれました。その最中に奥様と知り合ったの
ですが結婚式をあげる余裕はなく、今まで待ってもらっていたそうです。

　結婚式当日、武司くんは本当に幸せそうでした。結びの挨拶では、
「自分は物心ついたころから児童養護施設で育ちました。今の自分があ
るのは、施設の先生、一緒に生活をしていた仲間のおかげです」と言い、
「今日のこの姿を親父にも見せたかった。親父や今まで支えていただい
た人の想いに応えるような男になりたい」と涙を流しながら話しました。

　武司くんはきょうだいとともに幼児のころから中学生まで施設で生活
をしていました。亡くなった父親は忙しい仕事の合間にかならず施設に
来て、面会など時間の許すかぎり愛情を注いでおられました。

　施設での暮らしはかならずしも肯定的なものではなく、「忘れたい」
と思う人もいると思います。しかし、武司くんは施設で出会った先生や
仲間は誇りだと思い、感謝の気持ちを晴れ舞台で表してくれました。

　私は末永い幸せを願いつつ、武司くんの記憶のなかに私たち施設職員
が存在していることに誇りとうれしさを感じるとともに、責任の重さも
感じた一日でした。

◆ **参考文献**

厚生労働省「家庭支援専門相談員、里親支援専門相談員、心理療法担当職員、個別対応職員、職
　業指導員及び医療的ケアを担当する職員の配置について」2012 年
直島正樹・原田旬哉編著『図解で学ぶ保育　社会福祉』萌文書林、2015 年
谷口純世・山縣文治編著『新・プリマーズ　社会的養護内容』ミネルヴァ書房、2014 年
山縣文治・林浩康編『やわらかアカディズム・〈わかる〉シリーズ　よくわかる社会的養護　第
　2 版』ミネルヴァ書房、2013 年

オススメ！

● ありがとう、オカン 〈ドラマ〉

金子ありさ／脚本　2009 年

里親家庭で生活する子どもたちのドラマですが、子どもの社会自立
への不安や、自立後の実親との葛藤が忠実に描かれています。家族
再統合のあり方について考えさせられる作品です。

● 生まれた家族から離れて暮らす子どもたちのためのライフストーリーワーク実践ガイド

トニー・ライアン、ロジャー・ウォーカー／著　才村眞理ほか／監訳　福村出版

施設や里親家庭など、保護者と離れて生活している子どもがもつ自
分の生い立ちへの疑問を、大人とともに整理をしていくために有効
な手法であるライフストーリーワークについて、よくわかります。

● 児童養護施設で育った俺がマンガ家になるまでの（おおよそ）8760 日（全2巻）

永田晃一／著　少年画報社

少し前の時代の児童養護施設での日常が描かれたマンガ。子どもの
施設での生活や保護者への思いが読み取れる場面がたくさんあります。

Column

幸せをつかむ目前で立ちはだかった壁

　両親を事故で亡くして孤児となった泰子（仮名）は中学2年生（14歳）のときに児童養護施設にやってきました。施設から公立高校へ進学し、卒業後は短期大学への進学を決めました。進学できた背景には、親が残してくれた遺族年金があり、施設で暮らす子どもにはあまり例のないケースでした。

　泰子は進学を機に施設を退所し、一人暮らしをはじめました。そして卒業後は正社員として就職もできました。順調に人生を歩んでいる泰子に私は安堵していました。

　退所して10年が経ったある日、28歳になった泰子が連絡をしてきました。交際相手からプロポーズをされたというのです。私は泰子が施設にいたときから「早く結婚して家族をつくって幸せになれ」と言っていたこともあり、とてもうれしい報告だと喜んだのですが、彼女の声からは幸せそうな感じは伝わってきませんでした。結婚の報告ではなく、結婚に悩んでいるという相談だったのです。

　相手の両親へ挨拶に行った際、「あなたは施設に入っていたのよね。親が亡くなったのに親戚が誰も引き取ってくれないということは、あなたに何か問題があったのでしょう。施設なんてきちんと育ててもらってないでしょうから、子どもができたらちゃんと育てられるの」と言われ、結婚に難色を示されたと泰子は話しました。

　私は率直な意見を伝えたほうがいいと考え、「その結婚はやめようか」と言いました。泰子は「やっぱりそうやね。でも私は何も悪いことはしていないのに悔しい」と言って、泣いていました。その後、泰子は婚約の破棄を決断し、交際相手とも別れました。

　この一件は、未だ施設への誤解や偏見、差別があることを目の当たりにする出来事で、これらの誤解を解く必要性が施設の使命として存在していることを痛感しました。

里親制度と
里親支援
同僚から学ぶ

田之山ふみ物語　第7話

　ふみが家庭支援専門相談員（ファミリーソーシャルワーカー）になって2年が経ちました。少しずつ家庭支援の業務にも慣れ、親子関係再構築支援にやりがいを感じていました。

　最近、未来の家では入所して2年になる4歳の原山宗哉に対する支援の方向性について検討しています。母子家庭で暮らしていた宗哉は、母親からの虐待によって施設に入所してきたのですが、入所以来、母親からの連絡はなく、施設の職員や児童相談所の児童福祉司が連絡をとっても、母として宗哉を思う様子が感じられませんでした。また、宗哉自身も母には会いたくないと言い、親子関係の修復は難しい状況でした。

　そのため、宗哉を里親委託する方向で話を進めることに決まりました。ふみは、同僚で里親支援専門相談員の里谷幸太郎と協力することになりました。

　宗哉を里親委託するには宗哉の母親の承諾が必要なのですが、ふみが母親に里親委託の説明をすると拒まれてしまいました。そのときふみは、里谷から「子どもの保護者は里親と聞くと、子どもを奪われるというイメージを抱いて、里親委託に拒否的になる人が多いから、その気持ちを受け止めながら丁寧に説得してね」と助言を受けていたことを思い出しました。そして、あらためて時間をかけて母親に説明をしたところ、無事に里親委託の承諾を得ることができました。

　その間に里谷は、児童相談所と連携して里親候補を選び、宗哉との面会や外出、外泊へとつなげていきました。宗哉も候補になじんできたことから、里親委託が決定しました。

しかし、宗哉が里親委託されて２か月を過ぎたころから、里親への試し行動が激しくなってしまいました。そのため里谷は、施設で過ごしていたときの宗哉の様子をふまえて里親の相談に乗るなどして、里親と宗哉との関係づくりに協力しました。

また、里谷は里親支援専門相談員として、児童相談所の里親担当職員や地域の里親会などと

連携して、里親の新規開拓や里親として子どもを養育している人々への相談支援などを行っていました。

そのような里谷の働きぶりを傍で見ていたふみは、今までのようにただ単に施設で子どもを保護・養育するだけでなく、これからの施設機能・役割のあり方について考えるようになったのでした。

 学びのポイント

社会的養護には、施設だけでなく、家庭で子どもを預かる里親がいます。ここでは以下のような点について学んでいきます。

1. 里親にはどのような種類があるの？

2. 里親制度と養子縁組制度の違いとは？

3. 里親に対する支援制度について知ろう！

1 里親制度

　里親制度は、基本的に施設と同様、子育てができないさまざまな事情がある家庭の子どもを預かる制度です。児童福祉法を根拠にして運用されているため、対象は原則 18 歳未満となっています。この里親制度は 1 章で説明しているように、ファミリーホーム（p.38 参照）とともに家庭養護として社会的養護の体系上に位置づけられています。

　子どもが家庭で適切な養育を受けられない場合には、養子縁組や里親・ファミリーホームへの委託が原則になっています（p.14 参照）。里親委託の効果として、①特定の大人との愛着関係のもとで養育され、安心感のなかで自己肯定感を育み、信頼感を獲得できること、②適切な家庭生活を体験するなかで、家族のありようを学び、将来、家庭生活を築くうえでのモデルにできること、③家庭生活のなかで人との適切な関係の取り方を学んだり、地域社会のなかで社会性を養うとともに、豊かな生活経験を通じて生活技術を獲得できること、が期待されています（こども家庭庁、2023）。

　日本の里親・ファミリーホームに委託されている子どもの割合は、社会的養護を必要とする子ども全体の 23.5％（2022（令和 4）年 3 月末時点）です。この割合は、イギリスやアメリカ、オーストラリアをはじめとする欧米諸外国と比較するとまだまだ低い水準となっていますが、2012（平成 24）年 3 月末時点の委託率が 13.5％しかなかったことをふまえると、徐々にですが割合は高くなってきています。

　また、2017（平成 29）年に発表された新しい社会的養育ビジョンでは、3 歳未満の子どもはおおむね 5 年以内に、3 歳から就学前の子どもについてはおおむね 7 年以内に里親等委託率 75％以上を、小学生以上の学童期以降はおおむね 10 年以内を目途に里親等委託率 50％以上を実現するビジョンが示されました。

　これらビジョンで示された数値の実現に向けて、都道府県は都道府県社会的養育推進計画において里親等委託率の目標を設定し、必要な里親数等が確保される見込みを明らかにすることが求められました。さらに、里親委託・施設地域分散化等加速化プランでは、里親推進等に向けた取り組みに対して、国の強力な支援による推進計画の加速化が図られています。

里親委託を進めていくようだけど、里親が子育てするためにかかる費用って自分たちで負担するのかな？

そうだよね。子育てにはお金がかかるから不安だよね。でも下の表のとおり、きちんと費用が支給されているんだよ

❶ 里親手当 （月額） 2022年4月現在	養育里親 　　90,000円（二人目以降も 90,000 円） 専門里親 　　141,000円（二人目以降も 141,000 円） ※養子縁組里親は、養子縁組が成立するまでは 　養育里親として支給 ※親族里親は扶養義務があるので支給されない
❷ 一般生活費 （食費・服代等、一人当たりの月額）	乳児　　　　約6万円 乳児以外　　約5万3千円
❸ その他、幼稚園や学校にかかる費用や病院にかかる費用などさまざまな費用が支給される	

＊公費（国1/2、都道府県1/2）として支給されます
＊都道府県・政令指定都市が独自に支給しているものもあります

出典：こども家庭庁、2023 をもとに筆者作成

わあ、全然知らなかった。これだけの費用が支給されているんだね

それだけ責任をもって子どもを育ててもらうということだね

図7－1　里親委託の推進と里親への手当などについて

Step Up
さらに学びを深めよう

里親になるには？　その種類は？

■養育里親■

　保護者のいない子どもや家庭で保護者に育てられることが難しい子ども（これらの子どものことを「要保護児童」といいます）を預かって育てる里親のことです。みなさんがイメージしている里親といえるでしょう。養育里親になるには、子どもの福祉などに関する講義や児童養護施設などでの実習を含めた研修を受け、都道府県知事から認められて、養育里親名簿に登録されなければなりません。

■専門里親■

　虐待を受けて心身に有害な影響を受けた子どもや、非行の問題を抱えている子ども、知的障害や身体障害、精神障害のある子どものうち、都道府県知事がその養育に関してとくに支援が必要であると認めた子どもを養育する里親のことをいいます。法令上、養育里親に含まれているのですが、分けて説明されることが多いです。そのため養育里親名簿に登録される必要があります。

■親族里親■

　保護者が亡くなったり行方不明になったりするなど、家庭で生活することが難しくなった子どもを民法で定められている扶養義務者（生活できるように世話をする義務のある祖父母やきょうだい）が養育する里親のことをいいます。親族であるため、基本的に研修を受ける必要はありません。おじ・おば等の扶養義務のない親族は、養育里親が適用されます。この場合は、養育里親研修の受講が必要となりますが、一部科目の免除なども行われています。

■養子縁組里親■

　保護者のいない子どもや家庭で保護者に育てられることが難しい子どもを受け入れ、養子縁組をしようとする里親のことをいいます。あとに詳しく説明しますが、養育里親はあくまで原則18歳までの養育を行うことに対して、この養子縁組は法律上の親子関係を結ぶため、とくに養育年齢の期限はありません。養子縁組が成立するまでの期間、養育里親として子どもを育てます。養子縁組里親研修を修了し、養子縁組里親名簿に登録される必要があります。

里親になるための要件

養育里親	専門里親	親族里親	養子縁組里親
❶子どもの養育についての理解・熱意、子どもに対する豊かな愛情があること ❷貧しく生活が苦しい状況でないこと ❸都道府県知事が行う養育里親研修を修了していること ❹里親本人またはその同居人が次のアからエに当てはまらないこと ア 成年被後見人または被保佐人（同居人は除く） イ 禁錮（刑務所に入るだけで刑務作業の義務はない）以上の刑の確定判決を受け、その執行を終わり、または執行猶予期間が終わった者 ウ 児童福祉法、児童買春・児童ポルノ禁止法または児童福祉法施行令第35条の5で定める福祉関係法律（児童扶養手当法など）の規定により罰金刑の確定判決を受け、その執行を終わり、または執行猶予期間が終わった者 エ 児童虐待や被措置児童虐待など、子どもの福祉に関して著しく不適当な行為をした者	❶養育里親の❶〜❹にすべて当てはまること ❷次の要件のいずれかに当てはまること ア 養育里親として3年以上、委託児童の養育経験があること イ 3年以上、児童福祉事業で働き、都道府県知事が認めた者であること ウ 都道府県知事が認めた者であること ❸専門里親研修を修了していること ❹委託児童の養育に専念できること	❶養育里親の❶と❹に当てはまること ❷里親として引き受ける子どもの扶養義務者（生活をする義務に世話をするある3親等以内の親族（祖父母など）、またはその配偶者である親族であること ❸親や監護（子どもの心身の健全な発育のために、日常の身のまわりの面倒を見ること）をする者の死亡や行方不明、入院などによって、養育できない子どもを養育しようと希望する者であること	❶養育里親の❶、❷、❹に当てはまること ❷都道府県知事が行う養子縁組里親研修を修了していること

出典：厚生労働省HP「里親制度の運営について」をもとに筆者作成

2 養子縁組制度

　里親制度と養子縁組制度との違いがわからない方が多いと思います。日本で里親委託率が上がらない背景の一つに、「里親委託すると子どもを奪われてしまう」「わが子ではなくなってしまう」という誤解から、委託を拒否する保護者がいるという要因もあるようです。ここでは、養子縁組制度について説明します。

　養子縁組には「特別養子縁組」と「普通養子縁組」の二つの制度があります。

　特別養子縁組は、子どもの福祉のために 1987（昭和 62）年の民法改正によって新設された制度（1988（昭和 63）年施行）です。家庭裁判所が子どもにとって必要であると判断した場合のみ成立します。

　原則 15 歳未満の子どもを対象にしており、養親は原則 25 歳以上の夫婦（夫婦の一人が 25 歳以上であれば、もう一人は 20 歳以上で可）であること、養子縁組里親として 6 か月以上養子縁組対象の子どもの養育を行う必要があります。原則養子となる子どもの実親の同意も必要です。

　縁組が成立すると、実親との法律上の親族関係は終了し、養親の実子となります。子どもが入籍する養親の戸籍には実親の名前は記載されず、続柄は「長男（長女）」などと実子と同じように記載されます。また、特別養子縁組とは記載されませんが、特別養子縁組について規定されている「民法 817 条の 2」という文言が記載されています。離縁（養子縁組を解消すること）については原則認められておらず、養親からの虐待など子どもの福祉が害される場合のみ、養子・実親・検察官の請求により可能となります。このようにして、子どもの福祉を確保するために運用されているのです。

　一方、普通養子縁組は家の跡継ぎを残したり、家を存続させたりするための方法として運用されてきました。そのため単身者・独身者でも養親になることは可能で、養親と養子との同意により縁組が成立します。さらに、子どもを連れて結婚（再婚を含む）する場合にも行われることがあります。実親との親族関係は終了せず、戸籍の「続柄」のところに養子と記載されます。離縁については原則、養親・養子の当事者での同意によって可能となっています。

はてなから考える

❖ 特別養子縁組制度の制定に大きな影響を与えた事件

　1970年代に「赤ちゃんあっせん事件」と呼ばれた事件です。宮城県石巻市の産婦人科医師であった菊田昇医師は、医師として中絶手術をするなかで、たとえ「欲しない妊娠」（菊田、1973）であっても赤ちゃんにも生きる権利があるのではないかと考えるようになりました。

　そこで、新聞に養親を求める広告を出し、生まれた赤ちゃんを子宝に恵まれない夫婦に無報酬で斡旋しました。当時は特別養子縁組の制度がなかったため、養親が養子を実子として養育できるように実親の戸籍に出生の記載が残らないようにしました。法律に違反していることですが、偽の出生証明書を作成して養親の実子としました。

　この事件はマスコミにも大きく取り上げられて社会問題となり、国会でも議論されました。その結果、1987（昭和62）年、戸籍に養子を実子と記載するよう配慮した特別養子縁組制度の法案が可決しました。

　このように菊田医師の子どもの命を救いたいという思いが、特別養子縁組制度の成立に大きく影響を及ぼしたのです。菊田医師は1991（平成3）年に亡くなりますが、その後は妻の静江氏が菊田医師の意志を受け継いで、ほかの産婦人科医師やキリスト教会関係者らと「赤ちゃんを救う会」を設立して、養子斡旋を行いました。

3 里親支援

① 里親養育包括支援（フォスタリング）事業

　2016（平成28）年の改正児童福祉法をふまえ、里親による質の高い養育を実現するために、**フォスタリング機関（里親養育包括支援機関）及びその業務に関するガイドライン**が作られ、2019（平成31）年4月より、**里親養育包括支援（フォスタリング）事業**が実施されています。

- **里親制度等普及促進・リクルート事業**……里親経験者や養親による里親制度や養子縁組制度に関する説明会や講演会を積極的に行い、養育里親や養子縁組里親の開拓を行います。これらを主に担当する**里親リクルーター**を配置することができます。
- **里親研修・トレーニング等事業**……養育・専門・養子縁組里親へ、里親登録や更新に必要となる研修を実施します。また、まだ子どもが委託されていない里親に対して、事例検討や講義の受講、施設や里親宅で子どもとかかわる実習を実施します。これらを主に担当する**里親トレーニング担当職員（里親トレーナー）**を配置することができます。
- **里親委託推進等事業**……子どもと適合すると思われる里親候補を選び（マッチング）、委託に向けた調整や支援を行います。また、里親などへ預けられた子どもの養育内容や自立に向けた支援内容などを記載した自立支援計画の作成や見直しをします。この事業には、**里親等委託調整員**を配置し、**里親委託等推進委員会**を設置することになっています。
- **里親訪問等支援事業**……里親などの子育ての悩みなどの相談に応じ、定期的に訪問します。必要に応じて家事や養育補助などを実施します。また、定期的な交流の場を設けて、情報交換などができるようにします。**里親等相談支援員**を担当者とし、**心理訪問支援員**を配置することができます。
- **里親等委託児童自立支援事業**……里親などに委託中の子どもや、進学や就職によって委託解除された18歳以上の子どもに対して、**自立支援担当支援員**が自立に向けた学習・進学支援や職業支援、就労支援、状況把握などを行う事業です。

●**共働き家庭里親委託促進事業**……子育てと仕事の両立が可能な休暇や在宅勤務体制の導入などの取り組みを企画し、民間企業などへの委託などを行います。

●**障害児里親等委託推進モデル事業**……児童発達支援センターや障害児入所施設などと連携し、障害児を養育する里親などを訪問するなど、養育の負担軽減に向けた支援体制を築くことをめざします。

●**里親等委託推進提案型事業**……里親などへの委託を推進するための都道府県等の先駆的な取り組みに対して、費用面の支援を行う事業です。

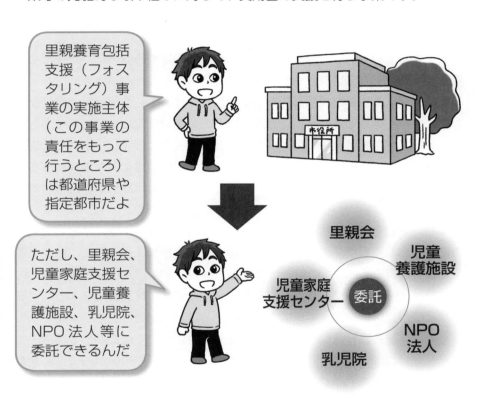

里親養育包括支援（フォスタリング）事業の実施主体（この事業の責任をもって行うところ）は都道府県や指定都市だよ

ただし、里親会、児童家庭支援センター、児童養護施設、乳児院、NPO法人等に委託できるんだ

里親会

児童養護施設

児童家庭支援センター

委託

NPO法人

乳児院

図7-2　フォスタリング事業

② 里親支援専門相談員（里親支援ソーシャルワーカー）

　里親支援専門相談員は、2012（平成24）年から乳児院と児童養護施設に配置されています。

　業務内容は、①新たに里親になろうという人を増やす新規開拓、②施設にいる子どもたちを、主に週末に預かってもらう週末里親などの調整、③里親への研修、④里親への委託をもっと増やしていくための活動、⑤里親家庭への訪問や電話での相談支援、⑥里親の育児疲れによる一時的な休息としてのレスパイト・ケアの調整、⑦里親同士や児童相談所の職員などの関係する人たちとの交流を図る里親サロンの運営、⑧里親会の活動への参加を勧め、活動を支援していくこと、⑨里親支援専門相談員の勤める施設にいた子どもを里親委託したあとのアフターケアとしての相談、などがあります。

　また、里親支援専門相談員になるための要件は、①社会福祉士か精神保健福祉士の資格をもっている、②児童相談所の児童福祉司になる要件を満たしている、③児童養護施設や里親などで子どもの養育に5年以上携わった経験がある、という①〜③のどれかに当てはまり、里親制度に対する理解があること、またソーシャルワークの視点をもっていなければならないとされています。

　なお、里親支援専門相談員の配置に関しての留意事項には、子どもと里親の側に立って里親委託の推進と里親支援を行う専任の職員として、施設の直接支援職員（子どもたちに直接かかわる支援職員。保育士や児童指導員など）の勤務ローテーションに入らないことや、必要に応じて施設の所在する都道府県などの所管区域を越えて里親支援を行えることも記載されています。

　これは、施設職員という立場であっても、里親への支援に向けて積極的に活動しなければならないことを意味しています。ましてや前半部分の留意事項は、里親支援専門相談員が加算職員（配置することによって、その職員のための費用が施設に支払われる）であるため、加算された費用を施設が受け取ったのに、ほかの保育士や児童指導員と同じ直接支援職員として施設の子どもたちにかかわる業務に充ててしまうと、結局、里親支援の活動に支障をきたし、そのための費用ではなくなるので、それはしてはいけないと明確に定められているのです。

図7-3　里親支援専門相談員の一週間の例

③ 里親会

　里親会は、里親が会員となる当事者団体です。全国里親会があり、そのもとに都道府県・指定都市単位で地域の里親会があります。全国里親会では、里親制度に関する調査研究や里親の普及活動、里親に委託されている子どもの相談指導などを行っています。地域の里親会は都道府県単位よりも、さらに細かく分かれた支部による活動が活発なところもあります。地域の里親会では社会的養護や里親制度、子どもの養育などに関する研修会を開催しています。親睦会や里親サロンも実施しており、里親同士の交流や児童相談所の職員との交流も図られています。

④ その他の里親委託や里親支援にかかわる人々

　児童相談所には里親担当職員が置かれています。また、里親養育支援体制の構築や里親委託の推進を図るために、里親養育支援児童福祉司も配置されています。

　里親等委託調整員は、児童相談所に非常勤職員として配置されたり、里親支援事業を委託された法人に常勤職員として配置されたりします。業務としては里親支援事業全体の企画や、里親・乳児院などの施設や関係機関との円滑な調整、自立支援計画の作成、児童相談所の里親担当職員の補助などを行って、里親委託や里親支援を推進していきます。

　この里親等委託調整員と児童相談所の里親担当職員、里親支援専門相談員、里親によって里親委託等推進委員会を構成し、フォスタリング事業の一つである里親委託推進等事業を実施することになっています。

　フォスタリング事業には、里親等相談支援員と心理訪問支援員も置かれる職員です。里親等相談支援員は、子どもを養育中の里親や、レスパイト・ケアなどで短期間子どもを養育している里親の相談に乗り、里親家庭を定期的に訪問して子どもの状態の把握や里親への助言・指導などを行います。心理訪問支援員は、里親などへ委託された、虐待などでとくに専門性の高い支援が必要な子どもに対して、心理面からの訪問支援を行います。ほかにもp. 154 で説明した職員が置かれています。

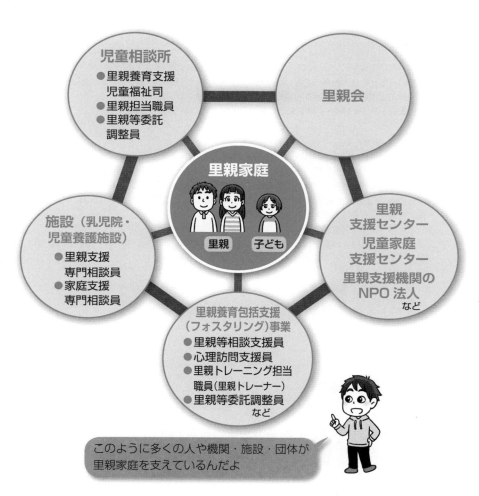

図7-4　里親と子どもを支える人々や機関

里親支援センター

　里親支援センターは、2022（令和4年）6月の改正児童福祉法により、2024（令和6）年度から児童福祉施設として追加されます。フォスタリング事業を行うことと、里親や、里親に委託されている子ども、里親になろうとしている候補者について、児童相談所などの関係機関と連携し、相談やその他の支援を行うことを目的とする施設とされています。

◉ **引用文献**

菊田昇『私には殺せない──赤ちゃん斡旋事件の証言』現代企画室、1973年、p.11
こども家庭庁「社会的養育の推進に向けて（令和5年4月5日）」2023年、p.25・243
厚生労働省「別紙　里親制度運営要綱」『里親制度の運営について』2017年a、pp.4-5
厚生労働省HP「里親制度の運営について」2017年10月16日閲覧

◉ **参考文献**

厚生労働省 新たな社会的養育の在り方に関する検討会「新しい社会的養育ビジョン」2017年
厚生労働省HP「家庭支援専門相談員、里親支援専門相談員、心理療法担当職員、個別対応職員、職業指導員及び医療的ケアを担当する職員の配置について」2017年10月16日閲覧
厚生労働省「「児童福祉法等の一部を改正する法律」の公布について（通知）」2022年
厚生労働省「里親委託ガイドラインについて」2017年
厚生労働省「里親養育包括支援（フォスタリング）事業の実施について」2021年
日本財団HP「4月4日養子の日 すべては赤ちゃんの命を救うために 産婦人科医・菊田昇医師の妻・菊田静江さんインタビュー その①、その②」『ハッピーゆりかごプロジェクト』2017年10月16日閲覧
庄司順一・鈴木力・宮島清編『社会的養護シリーズ1　里親養育と里親ソーシャルワーク』福村出版、2011年

オススメ！

● **うちの子になりなよ──ある漫画家の里親入門**

古泉智浩／著　イースト・プレス

赤ちゃんの里親となった漫画家の里父が文章と4コマ漫画で綴ったコミックエッセイ。里親による乳幼児期の子育てがわかります。

● **北斗──ある殺人者の回心**

石田衣良／著　集英社

著者が被虐待経験のある人々とのかかわりをもとに、児童虐待の様子をリアルに描いた小説。里親養育の素晴らしさを感じられる一冊。

児童福祉施設の
運営管理
主任から施設長へ

田之山ふみ物語　第8話

　37歳で主任保育士（基幹的職員と兼務）になったふみは、関係機関との連携に追われることが増えました。新人職員へのスーパービジョンを実施し、子どもとのかかわりや職場内の人間関係の悩みを聞きます。職員がどのような知識と技術を得れば、よりよい支援ができるかを検討し、研修計画も立案しました。また、職員の育成にも力を入れました。

　それから10年後の47歳のとき施設長になり、子どもたちに直接かかわる立場から、施設を管理して運営する立場に変わりました。ふみは、大学時代に現在の「子どもの食と栄養」にあたる科目で食育の大切さを学んだことを思い出し、「食を中心とした家庭的養護」の実践をしていくことにしました。

　ユニット（生活を小グループ化したもの）で職員と子どもが一緒に食事やおやつを作る機会を増やしました。また、ユニット内で子どもたちの誕生日会を行い、子ども一人一人を大切にする支援を心がけたのです。

　このように一生懸命、子どもと向き合っていくなかで、施設の運営管理について第三者評価を受けました。子どもからの事前の聴きとり（アンケート）や、外部からの評価者が子どもに直接聴きとった情報は、子どもたちへのかかわりを振りかえる機会になりました。

　さらに、一年間で施設に来た苦情をまとめて、苦情内容と対応内容を報告しました。こうした第三者評価や苦情解決の内容を施設のホームページ上で公表することで、施設の透明性を確保することに努めたのです。

　施設を運営するようになったふみは、地域貢献も重要だと感じました。これまでの地域貢献は、施設のお祭りや夕涼み会に地域の子どもたちを招待することが中心でしたが、子育てに悩んでいる人が相談に来ることができるようにしたいと考えたのでした。そこで、「子育てサロン」や「子育

て講座」を企画し、地域の親などが集まる機会をつくり、子育て支援にも一役買いました。

　60歳になったふみは定年を迎え、施設を退職しました。そして退職後は、養育里親として子どもの受け入れをはじめました。

　ふみはその生涯をかけて、社会的養護の必要な子どもたちにその愛情を捧げたのです。

 学びのポイント

　施設の運営管理はとても重要なことです。ここでは以下のような点について学んでいきます。

1. 施設長と基幹的職員の役割とスーパービジョンについて知ろう！

2. 職員配置と措置費の内容について学ぼう！

3. 第三者評価とリスクマネジメントって何？

4. 倫理綱領を読んでみよう。

❶ 施設運営

　各施設には運営理念があります。その背景には、施設の設立に至る歴史的経緯や創設者の思いなどがあります。また、公的なものとして、児童福祉法や施設運営指針などをふまえ、子どもの権利擁護や家庭的養護の推進、地域貢献といった内容も盛り込んだ施設運営が行われています。

① 施設長と基幹的職員

　施設を管理・運営する職員として、施設長がいます。乳児院・母子生活支援施設・児童養護施設・児童心理治療施設・児童自立支援施設の施設長には、児童福祉施設の設備及び運営に関する基準により、必要な研修を受けていることを前提として、医師（精神保健や小児保健）や社会福祉士、その施設での勤務経験が3年以上（児童自立支援施設は5年以上）などの資格要件が定められています。

　その施設長が施設の運営方針を立て、子どもの安全管理や組織の運営管理と労務管理の責任を負います。さらに、親権者や未成年後見人がいない子どもについて親権を代行し、親権者等がいる子どもに対しては監護（監督・保護を行う）・教育などの親権の一部を行使することができます。

　また、基幹的職員という職員が配置されている施設もあります。基幹的職員の業務は、①入所児童の自立支援計画の進捗状況の把握、見直しなど、②地域の社会資源等について理解し、関係機関との連携において中心的な役割を担う、③職員に対する適切な指導や教育、メンタルヘルスに関する支援、の3つです。

　とくに③の役割は大きく、一般的にスーパービジョンと呼ばれています。スーパービジョンのメリットとしては、職員の孤立化を防ぎ、多角的な支援方法の助言によって職員の自信回復につながり、バーンアウト（燃え尽き症候群）を防ぐことにもなります。

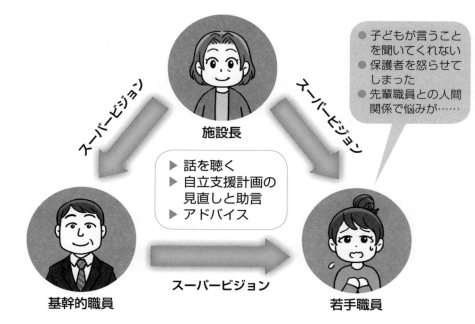

● スーパービジョンの機能

管理的機能	組織の方針に沿った質の高い援助を実践するため、環境整備を行い、組織や援助者を管理する。
教育的機能	スーパーバイジー（スーパービジョンの受け手）を育て、専門性を高めることで、一人前の専門職として独り立ちできるようにする。
評価的機能	適切な評価を行うことで不安を排除し、学習の方向付けができる。自己を知る材料にすることで成長につながる。
支持的機能	自分自身の独自性や個性を客観的に理解し、バーンアウト（燃え尽き症候群）と呼ばれるストレスによる症状を防ぎ、前向きに援助に取り組むことができるようにする。

● スーパービジョンの種類と施設における内容

個人スーパービジョン	一人の相談に乗ること
グループスーパービジョン	ユニットや小規模などのグループ全体に対して相談に乗ること
ピアスーパービジョン	同じ課題を持つ者同士が相談に乗りあうこと
ライブスーパービジョン	支援の状況を見ながら助言を行うこと

図8−1　スーパービジョン

② 運営の費用

　施設を運営していくための費用は、基本的に措置費という名のお金によってまかなわれています。このお金は、国や地方公共団体（都道府県など）によって支払われます。

　措置費は、大きく事務費と事業費に分かれています。事務費は、施設で働く職員の給与といった人件費や、施設の建物を維持・管理するための修繕費などに充てられます。事業費は、子どもの生活に関するもので、食費や日常生活に必要な費用や、学校に関することに必要な費用、病院にかかるための費用などがあります。

　ちなみに、措置費は里親やファミリーホーム対しても支払われています。

③ 職員配置と職員育成

　社会的養護で働く専門職は、広い視点と高度な専門性が必要とされており、多くの職種の職員が支えていますが、日常生活で子どもの成長や発達を支援するのは保育士・児童指導員などの直接支援職員の役割です。理想論でいえば、子ども一人に対して保育士・児童指導員などが一人配置されることが、子どもの愛着を再形成するためには望ましいといえます。

　以前の職員配置は、子ども一人に対して職員一人というにはほど遠いものがありましたが、近年は予算が増え、多くの職員を配置できるようになってきています。とくに乳児院と児童養護施設は、高機能化や小規模化、地域分散化などが求められるのに伴い、職員配置が強化されてきています。

　また、職員が退職せずに継続して勤めることも重要であるため、職員の処遇（評価に応じた取り扱いをすること）改善が行われています。全体的に給与が上がったり、研修を受講したうえで業務に応じて手当が支給されるようになったりしています。

　さらに、施設長には2年に1回以上の研修の受講が義務づけられたり、職員には上記のような処遇改善に伴って研修を受講するキャリアアップの仕組みがつくられたりするなど、職員の専門性を高め、育成することが求められています。

表8−1　措置費の使い道

| 措置費
●国から 1/2
●都道府県
　から 1/2
　支給される | 事務費 | ●人件費
●維持管理費
●職員研修費　など |
| | 事業費 | ●一般生活費

●教育費（義務教育に必要な学用品など）

●幼稚園費

●特別加算費（高校で必要な費用）

●医療費　　　　　　　など |

表8−2　児童養護施設の小規模化への職員配置強化の例

	施設内小規模グループケア	分園型小規模グループケア	地域小規模児童養護施設
定員	6名（2020年10月31日以前に指定された施設は除く）	4〜6名（2020年10月31日以前に指定された施設は除く）	4〜6名
職員配置基準（加算あり）	（子ども6名の場合）おおむね 子6：職3	（子ども6名の場合）おおむね 子6：職6	（子ども6名の場合）おおむね 子6：職6

出典：こども家庭庁、2023 をもとに筆者作成

Step Up
さらに学びを深めよう

第三者評価

　第三者評価とは、施設と契約した第三者機関（全国社会福祉協議会などに認証された機関）が支援内容や運営内容を評価して、結果を公表する制度です。社会的養護関係施設では、支援（福祉サービス）の向上と、子どもの立場に立って良質で適切な支援に努めるために、児童福祉施設の設備及び運営に関する基準によって受審が義務づけられています。現在は３年に１回は受審することになっています。経費は措置費として支弁（支給）されます。

　具体的には、職員が個々でチェックした表をもとに、第三者評価機関の評価調査者が職員や入所児童への聴きとりを実施します。第三者評価の結果は公表する義務があります。

　第三者評価を受審しない年は、施設内での自己評価が求められています。職員自身のかかわりを振りかえり、施設の運営理念の把握について確認する機会となっています。その他にも改善すべき点が明らかになります。

　また、支援の質の向上に向けた取り組みにおける具体的な目標設定が可能となり、第三者評価を受ける過程で職員の気づき、改善課題の共有化が図られるというメリットがあります。さらに、第三者評価を受けることによって、保護者・地域からの信頼の獲得を得る機会となります。さらに、施設の積極的な取り組みの姿勢を PR することができるのです。

第三者評価の流れ

評価機関の選定

よろしくお願いします

契約

事前準備・事前分析

児童福祉施設	第三者評価機関
事前準備 ❶自己評価（職員個々・チーム等） ❷利用者調査実施協力　必須 ❸事前提出資料 施設のパンフレット、事業報告書、事業計画等	**事前分析** ❶〜❸を受領次第、順次分析。訪問前に協議し、質問事項の整理をする

訪問調査

- オリエンテーション
- 施設見学
- 施設長ヒアリング
- 職員ヒアリング
- 児童ヒアリング
- 書類確認

評価
（施設へ評価結果の
フィードバック）

HP

公表

2 施設内のリスクマネジメント

　施設は子どもたちが安全で安心して生活を送るためのものですが、偶発的あるいは人為的なリスク（危険）が発生しないような体制をつくるとともに、リスクが発生した場合の適切な対処方法について定める必要があります。

① 被措置児童等虐待の防止

　2008（平成20）年の改正児童福祉法により、被措置児童等虐待の防止等について規定されました。この規定の背景には、児童養護施設で起きた施設内での虐待や里親による虐待などがあります。

　「被措置児童等」とは、児童養護施設や乳児院などの施設や里親、ファミリーホームに措置されていたり、一時保護所や施設などで一時保護されていたりする子どものことを指します。そして、その子どもたちへの虐待を「被措置児童等虐待」とし、施設の職員や里親などから虐待（身体的、心理的、性的、ネグレクト）を受けることをいいます。

　このような虐待など不適切なかかわりを受けたと思われる子どもを発見した場合、速やかに児童相談所や都道府県の福祉事務所などへ通告しなければならないことが定められています。

　もちろん、施設においてもこのようなことが起こらないように努めなければなりません。そのためには、各職員が研修などで不適切なかかわりを防ぐ技術を習得したり、スーパービジョンによって支援方法を学んだり、精神的なサポートを受けたりすることで、子どもに対する支援の質の向上につなげるようにする必要があります。

　また、施設内での不適切なかかわりに対して、未然に、または最小限に被害を防ぐための対応マニュアルを施設で作成しておくことも有効な手段だといえます。このようなさまざまな取り組みによって、子どもたちが安心して暮らせる場所を確保することが求められています。

被措置児童等虐待の状況の公表

　児童福祉法第33条の16の規定によって、都道府県や指定都市には各年度の被措置児童等虐待の状況について、公表することが義務づけられています。具体的な内容は、通告の受理件数や受理にもとづく調査結果、虐待の事実が認められた場合には、虐待の内容や対応について公表することになっています。

　それぞれの都道府県や指定都市のホームページで公表されているので、管轄する施設や里親による被措置児童等虐待の状況を知ることができます。

図8−2　施設職員による子どもへの不適切なかかわり

② 苦情解決

　施設（＝事業者。以下同）の職員はよりよい養護をめざし、子どもを支援しています。しかし、時には子どもや保護者などに不満や不安を抱かせ、苦情を言われることがあるかもしれません。たとえば子どもからは、「○○くんにお小遣いを取られた」「職員の△△に叩かれた」などという苦情が出ることもあります。保護者の場合は、「子どもの服に穴が空いていた」「けがの報告がされていない」などということがあり得ます。そのような場合に、施設は苦情を真摯に受け止め、改善する必要があります。

　そのため、施設には①苦情解決に関する責任を負う苦情解決責任者（施設長や法人理事など）、②子どもや保護者などからの苦情を受けつけ、内容の確認や記録をとり、苦情解決責任者や第三者委員へ報告する苦情受付担当者（副施設長や主任などの施設職員）、③苦情解決の社会性や客観性を確保し、子どもや保護者などの立場や特性に配慮した適切な対応を進めるための第三者委員（評議員や学識者、弁護士、地域の関係者など）を置き、苦情への対応をしなければなりません。

　苦情は直接口頭で伝えるという方法だけでなく、電話や手紙でも受けつけています。方法はさまざまですが、意見箱を設置している施設もあり、直接職員に言いにくいことを伝えられる形をとっています。このように施設で苦情が出た際には、苦情受付担当者や苦情解決責任者はしっかりと苦情を受け止め、施設全体の問題として検討していく必要があります。

　また、施設に直接苦情を言えない場合や当事者間で解決することが難しい場合などは、都道府県社会福祉協議会に設置されている運営適正化委員会に相談する方法もあります。運営適正化委員会の設置は社会福祉法第83条に規定されており、社会福祉や法律、医療の専門家で構成されています。子どもや保護者などからの申し出によって調査を行い、結果に応じて子ども・保護者などや施設に対して助言や解決のあっせん（双方の話し合いを仲介し、和解案を示すなどして解決をめざすこと）をしたり、都道府県や指定都市へ通知したりします（図8-3）。

　このような形で、施設で暮らす子どもやその保護者などからのさまざまな苦情に対して対応がとられているのです。

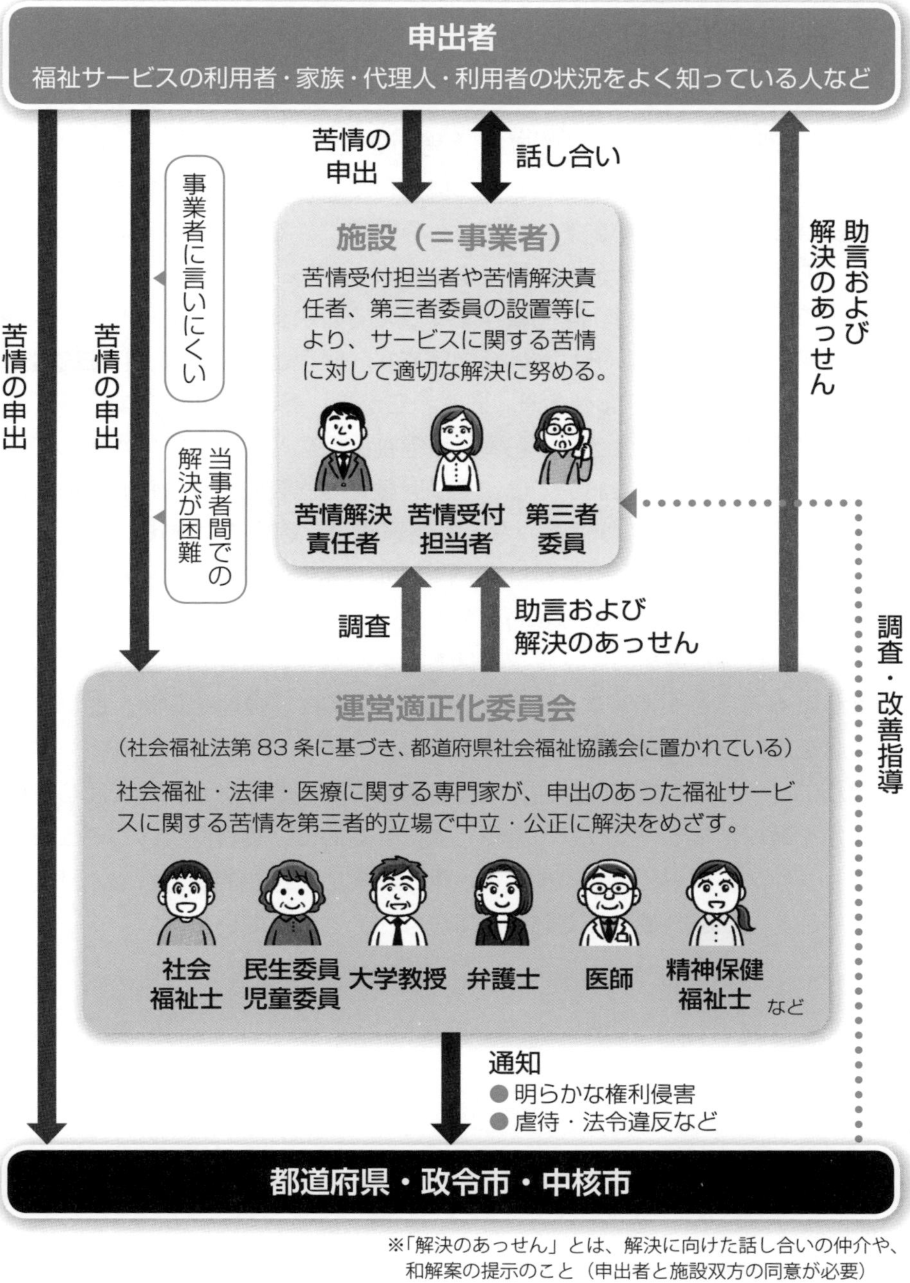

申出者
福祉サービスの利用者・家族・代理人・利用者の状況をよく知っている人など

苦情の申出

話し合い

事業者に言いにくい

助言および解決のあっせん

苦情の申出

苦情の申出

施設（＝事業者）
苦情受付担当者や苦情解決責任者、第三者委員の設置等により、サービスに関する苦情に対して適切な解決に努める。

苦情解決責任者　苦情受付担当者　第三者委員

当事者間での解決が困難

調査

助言および解決のあっせん

調査・改善指導

運営適正化委員会
（社会福祉法第83条に基づき、都道府県社会福祉協議会に置かれている）

社会福祉・法律・医療に関する専門家が、申出のあった福祉サービスに関する苦情を第三者的立場で中立・公正に解決をめざす。

社会福祉士　民生委員児童委員　大学教授　弁護士　医師　精神保健福祉士　など

通知
● 明らかな権利侵害
● 虐待・法令違反など

都道府県・政令市・中核市

※「解決のあっせん」とは、解決に向けた話し合いの仲介や、和解案の提示のこと（申出者と施設双方の同意が必要）

図8−3　苦情解決の流れ

出典：かながわ福祉サービス運営適正化委員会HP「苦情相談の流れ」を一部改変

3 倫理の確立

　社会的養護の施設で仕事をしたいと考える人の多くは、「子どもが好き」「子どもを支えたい」「子どもとともに成長したい」など、さまざまな思いが大前提としてあると思います。しかし、専門職として仕事をしていくには、これらの思いだけでは十分とはいえません。

　そこで重要となるのは、専門職が働くうえでの決まりごとや基準とすべきものを定めることです。それが倫理綱領です。倫理とは『大辞林』（三省堂）によると、「人として守るべき道。道徳。モラル」という意味です。

　倫理綱領は、全国保育士会や日本社会福祉士会など各職能団体が定めています。社会的養護領域においては、全国児童養護施設協議会（児童養護施設）や全国乳児福祉協議会（乳児院）なども倫理綱領を定めています。

　社会的養護の施設で働く職員は、「子どもの力になりたい」「子どもの心の傷を癒やしたい」といった志をもって働きはじめますが、うまくいかないことも多く、理想と現実のギャップがストレスとなり、倫理から逸脱してしまいそうになることもあります。そのようなときは、「倫理を守る」という強い意思を思い出し、覚悟を貫く必要があります。

　つねに「子どもの最善の利益」を強く意識し、職員個々が倫理に反していないかを職場全体でチェック・確認していくために、職員同士のコミュニケーションやスーパービジョンなどを活用して実践を客観的に分析し、評価していくことは、専門職として必要不可欠なものとなっています。

全国児童養護施設協議会　倫理綱領

社会福祉法人　全国社会福祉協議会
全国児童養護施設協議会

1. 私たちは、子どもの利益を最優先した養育をおこないます

2. 私たちは、子どもの理解と受容、信頼関係を大切にします

3. 私たちは、子どもの自己決定と主体性の尊重につとめます

4. 私たちは、子どもと家族との関係を大切にした支援をおこないます

5. 私たちは、子どものプライバシーの尊重と秘密を保持します

6. 私たちは、子どもへの差別・虐待を許さず、権利侵害の防止につとめます

7. 私たちは、最良の養育実践を行うために専門性の向上をはかります

8. 私たちは、関係機関や地域と連携し、子どもを育みます

9. 私たちは、地域福祉への積極的な参加と協働につとめます

10. 私たちは、常に施設環境および運営の改善向上につとめます

2010 年 5 月 17 日 制定

◈ 引用文献

　神奈川県社会福祉協議会 HP「かながわ福祉サービス運営適正化委員会『苦情相談について』」
　　2023 年 10 月 1 日閲覧
　こども家庭庁「社会的養育の推進に向けて（令和 5 年 4 月 5 日）」2023 年、p.112、2023
　　年 10 月 1 日閲覧
　松村 明編『大辞林 第三版』三省堂、2006 年

◈ 参考文献

　こども未来財団編『児童保護措置費・保育所運営費手帳　平成 25 年度版』こども未来財団、
　　2013 年
　こども家庭庁「児童福祉法による児童入所施設措置費等国庫負担金について（令和 5 年度版）」
　　2023 年
　厚生労働省通知「社会福祉事業の経営者による福祉サービスに関する苦情解決の仕組みの指針に
　　ついて」2017 年 3 月 7 日付
　全国社会福祉協議会 HP「福祉サービス第三者評価事業」2023 年 10 月 1 日閲覧

オススメ！

● 季刊 児童養護

全国児童養護施設協議会

　社会的養護に関する興味深い情報が掲載されているとともに、専門家がさまざまなテーマで論じたり、全国の施設の紹介や職員の思いを綴っています。

● 日本の児童養護──児童養護学への招待

ロジャー・グッドマン／著　津崎哲雄／訳　明石書店

　著者はイギリスの社会人類学者。施設運営と職員配置の問題、子どもの暮らしの枠組み、里親委託と養子縁組制度などについて日英を比較し、考察しています。

Column

理解の第一歩は知ってもらうことから

　児童養護施設の社会的認知度はけっして高いとはいえません。教員をしていてもそのように感じることがあります。施設に就職したいという学生がいても、保護者が反対して結局、就職をあきらめざるを得ないことが少なからずあります。保育所や幼稚園はよくても施設はダメというのは、施設に対する理解が十分ではなく、偏見があることも否めません。このことは p.144 のコラムからもわかることだと思います。

　そこで、一般社団法人「児童養護応援団ともに」を2016年9月に設立しました。その活動は、児童養護施設に対して何かしてあげるというわけではなく、児童養護施設自体とそこで暮らす子どもたち、そして施設で働く職員を応援するものです。

　まずは、「理解の第一歩は知ってもらうことから」を合言葉に、児童養護施設について正しい知識を伝える啓発活動として、「ミントリボン運動」をはじめました。ピンバッジやステッカーを作成・頒布し、啓発に努めています。

　また、児童養護施設に就職する学生を増やすため、"人財"養成・確保についての検討会「社会的養護人財養成研究会」も運営しています。児童養護施設で勤務経験のある養成校教員として、施設で働くやりがいを学生に伝えると同時に、児童養護施設職員と協働で実習のあり方や人財養成・確保について検討・実施しています。

　さらに、主に児童養護施設職員を対象にしたさまざまな研修会を企画・開催しています。それにより、職員の専門性向上に寄与したいと考えています。専門性の向上は、子どもへのよりよい支援や離職率の低下につながりますし、施設理解について社会へ発信する力も養えるからです。施設現場を離れた今も、このような形で児童養護施設にかかわり、応援をしています。

さくいん

編著者紹介

原田旬哉 (はらだ・じゅんや)

序章第3節、第4節、第5節／第1章／第6章／p.144

園田学園女子大学人間教育学部教授。社会福祉士。19年間、児童養護施設で勤務し、主任指導員、家庭支援専門相談員を経て現職。兵庫県児童虐待等対応専門アドバイザー、加東市・芦屋市・西脇市・三木市要保護児童対策地域協議会アドバイザー。主な著書に『図解で学ぶ保育 社会福祉』『図解で学ぶ保育 社会的養護Ⅱ』（以上共編著、萌文書林）、『演習・保育と社会的養護内容』（共編著、みらい）などがある。

杉山宗尚 (すぎやま・むねまさ)

序章第1節、第2節、第5節／第2章／第4章／第7章／p.177

頌栄短期大学准教授。社会福祉士。14年間、児童養護施設で児童指導員として従事し、施設での実習指導にも力を入れて取り組む。主な著書に『図解で学ぶ保育 社会的養護Ⅱ』（共編著、萌文書林）、『図解で学ぶ保育 社会福祉』（共著、萌文書林）、『本当に知りたいことがわかる！ 保育所・施設実習ハンドブック』（共著、ミネルヴァ書房）などがある。

執筆者紹介

谷 俊英 (たに・としひで)

第3章／第5章

大阪大谷大学専任講師。社会福祉士。14年間、児童養護施設で児童指導員、里親支援専門相談員として従事する。一般社団法人日本児童養護実践学会理事、一般社団法人「児童養護応援団ともに」理事。主な著書に『演習・保育と社会的養護実践─社会的養護Ⅱ─』（共著、みらい）、『はじめての子ども家庭福祉』（共著、ミネルヴァ書房）などがある。

藪　一裕 （やぶ・かずひろ）

第6章／第7章

京都文教大学専任講師。社会福祉士。児童養護施設にて23年間勤務し、主任指導員、家庭支援専門相談員、里親支援専門相談員を経て現職。主な研究テーマは、社会的養護における里親、ファミリーホームの役割について。主な著書に『社会的養護内容演習』（共著、建帛社）、『保育・教職実践演習』（共著、ミネルヴァ書房）などがある。

太田敬志 （おおた・たかし）

第8章

自立援助ホームたなごころホーム長。社会福祉士、精神保健福祉士。児童養護施設の児童指導員、家庭支援専門相談員を経て現職。主な著書に『子どもたちと育みあうセクシュアリティ』（共編著、クリエイツかもがわ）、『新・プリマーズ　社会的養護内容』（共著、ミネルヴァ書房）、『社会的養護』（共著、一藝社）などがある。

Column 執筆

狭間香代子 （はざま・かよこ）

p.30

関西大学名誉教授。主な著書に『社会福祉の援助観』（筒井書房）、『ソーシャルワーク実践における社会資源の創出』（関西大学出版部）などがある。

装幀　大路浩実
イラスト　イケナオミ

図解で学ぶ保育
社会的養護 I

2018年 4 月30日　初　版第 1 刷発行
2023年 4 月 1 日　初　版第 6 刷発行
2024年 1 月16日　第 2 版第 1 刷発行

編著者　原田旬哉・杉山宗尚

発行者　服部直人

発行所　株式会社萌文書林

　　　　〒113-0021　東京都文京区本駒込 6-15-11
　　　　Tel.03-3943-0576　Fax.03-3943-0567
　　　　https://www.houbun.com/
　　　　info@houbun.com

印　刷　萩原印刷株式会社

© Junya Harada,Munemasa Sugiyama 2024, Printed in Japan
ISBN978-4-89347-411-7